Josef Anton Henne

Die Klingenberger Chronik

Wie sie Schodoler, Tschudi, Stumpf, Guilliman und andere benützen

Josef Anton Henne

Die Klingenberger Chronik
Wie sie Schodoler, Tschudi, Stumpf, Guilliman und andere benützen

ISBN/EAN: 9783743453692

Hergestellt in Europa, USA, Kanada, Australien, Japan

Cover: Foto ©ninafisch / pixelio.de

Manufactured and distributed by brebook publishing software
(www.brebook.com)

Josef Anton Henne

Die Klingenberger Chronik

glich vil botten darzuo gab, vnd och dass stett vnd lender glich vil stimmen habint.

It. von den selben botten wöllen wir denen von schwitz vnd glaris vmb ander sachen vnverdinget zuo ere vnd recht ston, also dass si vns desglich hinwiderumb vor den selben botten och tüegint, doch die obgeschriben stuck in dem pundbrieff begriffen vnd vnser burger im oberland aid vssgesetzt.

It. ist inen aber das nit eben, so wöllen wir inen gerecht werden vnverdingt vmb alle stuck, nünts hindan gesetzt, es sigint frihait, ehaftin oder guot gewonhaiten, pünd, gelüpt, aid, es treff vns an lib, ere vnd guot, vor sinem künftigen küng, dass si vns dess glich och tüegint.

It. ist inen das och nit eben, so haben wir inen aber vmb alle stuck gebotten vnverdingt zuo ere vnd recht für nachgeschriben des hailigen richs stett botten, namlich: basel, costenz, vlm, schaffhusen, vberlingen, rafenspurg, lindow, sant gallen, rinfelden, wintertur, raperswil vnd baden, die ir botten vff demselben tag gehept hand.

It. vnd darzuo vff stett vnd lender botten der aidtgnosschaft, namlich fryburg, bern, soloturn, lucern, vre, vnderwalden vnd zug, also dass jegklich des richs vnd der aidtgnosschaft statt vnd land ainen botten darzuo geb. Vor den botten tüege jeder tail dem andern ere vnd recht vmb alle sachen, die sich verloffen hand von dem anfang vnz vff disen tag, vnd züch da jeder tail für wess er getruw zo geniessen.

It. vnd nement die von schwitz diser recht etlich nit uff vff disen tag, so wollen wir botten darin vnverbunden sin, wan wir vns gewalts darumb angenomen haben, der vns von vnsern herren von zürich nit geben was. Das haben wir offenlich geredt vor stett vnd lendern, vnd si gebetten, vns diser recht bott angedenk zuo sinde.

It. vnd daruff haben wir och der aidtgenossen botten von stetten vnd lendern gebeten vnd ermant, so uerr wir si ze bitten vnd ze manen hand, das si vns schirment vnd handthaben wöllint bi vnser statt recht, frihait, ehaften, gerichten, satzungen, ordnungen, alten guoten gewonhaiten, als wir das in den pünden vor vnd uss behept hand, vnd wir getruwen inen, dass si denen von schwitz vber sölich recht bieten vff si wider vns kain biatand tüegint, besonder dass si och sölich recht bieten für ir gemainden, stett vnd lender bringent, denn wir getruwent, dass wir inen den ganzen vollen geton habint.

37. Die von Schwitz vnd glaris wolten söllicher rechtbieten nit ingon.

It. diser rechtbott wolten die von schwitz vnd glaris ganz kains ingon vnd nünts damit ze schaffen han, denn si wolten bloss nach der pundbrieff sag zuo den ainsidlen zuo dem rechten komen.

38. Die von zürich schlaegend aber denen von schwitz vnd glaris den kouff ab, vnd verbutten das an ain schwere buoss.

Anno dni Mccccxl vmb die pfingsten [87]) verbutten aber die von zürich allen den iren an ain schwere buoss, vnd herter denn si vor je hatten getan [88]), dass niemand denen von schwitz vnd glaris, noch allen denen, die zuo inen gehorten, kain kouff geben sölt, weder lützel noch vil, klain noch gross.

It. si wolten och kain kouff gen wintertur noch gen rapperswil nit lassen gan, man versprech inen denn, denen von schwitz vnd glaris nüts ze geben, noch den iren, das och die selben stett taten.

It. die von schwitz verbutten och den gelich allen den iren an lib vnd an guot, dass niemand denen von zürich noch den iren nüts geben sölt, weder klain noch gross. Si hatten es zuo baiden siten vor verbotten, aber si verbutten es noch herter.

It. si verbutten och, dass niemand an den zürichsee torst geben schindlen noch schigen [89]) noch kninerlai. It. also hielten si diss gebott zuo baiden tailen hert vnd fast, vnd wolt jetwedrer tail dem andern nüts zuo lassen gan. Wer ze zürich üts kouffen wolt, der muost sin trüw an aides statt geben, oder aber zuo den hailgen schweren, denen von schwitz vnd glaris, noch allen denen, die zuo inen gehorten, nüt zegeben, weder klain noch gross. Si wolten och visch von rapperswil nit zuo den ainsidlen lassen tragen durch ir gebiet den rechten weg denn dass si ander weg durch die march muosten suochen.

It. weli och wingarten an dem zürichsee hatten vss der von schwitz vnd glaris gebiet, oder die inen zuo gehorten, den wolt man den win nit dannen lassen füeren noch verkouffen; sie muosten jn da lassen ligen, man liess si wol winman. Also taten si enandern etwa manig ding, das nit aigenlich hie verschriben stat, denn si hatten grossen hass zuo enander, vnd redten och baid tail enandern vbel zuo vnd vil hoher wort.

It. als och gewonlich ist, dass vil lüt von vtznach, vss dem gastren vnd daselbs vm, das do zemal denen von schwitz vnd glaris zuo gehort, in das ergöw vnd anderschwa giengent schniden in der ernd, vnd antwurt man denn den selben ir korn, das si verdient hatten, vff sant martis tag gen zürich, also kament dieselben armen lüt gen zürich, vnd wolten ir korn da nemen, vnd do si es gefassten vnd es haim wolten füeren, da verbutten es die von zürich, vnd wolten es niemant zuo lassen, vnd muosten die armen lüt on ir korn dannen, vnd grossen mangel haben, vnd machtent also ain gross geschrai vber die von zürich, vnd gewunnen also noch me hass zuo denen von zürich.

Also laisten nun die aidtgenossen etwan mengen tag zwüschent denen von zürich vnd von schwitz vnd glaris, dass si entwedern tail dar-

---

87) 15. Mai. 88) denn si das vor verbotten hatten Hü. 89) Pfähle, Scheien.

zuo beruoften, ob si die sach dester friunlicher vnd güetlicher gerichten köndint, vnd mochtent doch an entwederm tail nie kain ganz richtung haben.

It. der aidtgenossen botten brachtent es etwa dik für ain ganz gemaind zürich vnd och ze schwitz, dass si es gern gericht hettint, vnd stiess jetweder tail jn etwas darin, dass si es nit gerichten konden.

It. vnder disen dingen ermanten die von schwitz vnd glaris die aidtgenossen was si si ermanen konden, vmb dess willen, dass si inen bi gestüendint vnd inen hilflich wärint.

It. die von zürich schikten och ir erber bottschaft zuo den aidtgenossen, besonder denen von lucern, zug, vre vnd vnderwalden, vnd ermanten die ernstlich, wie si doch dik vnd vor ziten ir aller vor schilt gesin wärint vnd noch hüt bi tag gern sin weltint, vnd lib vnd guot wagen durch iren willen, vnd dücht aber die von zürich, dass die aidtgenossen denen von schwitz vnd glaris me zuo stüendint denn denen von zürich, vnd inen nit hilflich noch beraten wärint in der mass als si inen gebunden wärint, vnd si den aidtgenossen wol getruwt hettint; vnd möcht es nit anders sin, so müesstint die von zürich hilff suochen zuo herren vnd stetten, das si doch vngern tätint, wan si zuo sölichem getrengt werden [90]).

39. Die von schwitz lagent aber zuo feld wider die von zürich.

It. also ward nun aber ain tag gemachet gen lucern vff sonnentag vor sant simon vnd judas tag [91]) anno dni Mccccxl. Vss demselben tag ward ganz nüts, wan die aidtgenossen warent nit ainhellig.

It. vff den nechsten mentag darnach [92]) zugent die von schwitz vss so si haimlichost konden, vnd samloten sich ze wesen, die von schwitz vnd glaris vnd vss dem gastren, vnd ander die denn denen von schwitz vnd glaris zuo gezogen warent, dass ir villicht bi M mannen wurden. Derselben hoptman was der aman von schwitz, vnd also an dem zinstag [93]) fruo vor tag fuorent si vber see gen wallenstatt vnd zuntten da etwa mengen stadel an, vnd sprachent zuo denen von wallenstatt vnd zuo den andren, weltint si nit schweren so weltint si das land wüesten. Also antwurtent die von wallenstatt, was das land tät, dess wöltint si och gern gehorsam sin. Also zugent si gen bürsis vnd lagent da vbernacht, vnd zugent morndes [94]) gen sangans, vnd erbutten das dem land: weltint si schweren jederman dem er von recht vnd alter har zuo geborte, dass si es mit lieb tätint, wan weltint si es nit tuon, so wärint si je darumb da, das si es tuon müesstint.

It. denen in sanganser land hatten och widersait graff hainrich von sanganser land, der von brandis, der von sax, die och mit ainem grossen zug an dem rin [95]) lagent.

90) Vgl. Note 71. Tschudi II. 305. 306. 91) 23. Oct. 1440. 92) 24. Oct. 93) 25. Oct. 94) 26. Oct. 95) zu Balzers Tschudi II. 306. 307. ausfuhrlicher, aber diese Quelle immer zum Grunde.

It. dabi was och graf hainrĩch von tettnang.

It. also gesatzten sich die in sanganser land nie darwider, vnd gestallten sich och nie ze wer, die doch vor so mannlich vnd hefftig warent, dass si mainten, sich vff ain tag aller welt ze erweren, vnd kam also ain dorf nach dem andern, vnd schwuorent jegklicher da er denn von recht von alter hin gehort hat, vnd schwuorent dass das ewig burgrecht das si gen zürich ewenklich geschworen hatten, ab sin sölt, vnd kain pündtnuss noch burgrecht niemer mer an sich sölten nemen on ir herren willen, vnd alle pündtnuss vnd burgrecht ab sin sölt.

It. vnder disen dingen zugeut die von schwitz mit ir panner vnd mit aller ir macht vff den etzol, vnd die von glaris och mit ir paner, vnd lagent also vff dem etzel vff egg vnd daselbs, vnd wartotent da, was die von zürich zuo der sach tuon weltint, dass man inen ir ewigen burger also abbrach. Also zugent die von zürich nie vss ir statt, doch lag der oberhoff ze pfälfikon, vnd die burg hattent si besetzt.

It. die in grüeninger ampt lagent ze rüti vnd buobikon vnd von griffense, dass ir villicht bi sechshundert warent.

It. die in kyburger ampt lagent ze elgöw mit xijc.

It. als nun der aman von schwitz mit den sinen sanganser land ingenomen hat vnd jederman geschworen hat, als vorstat, do hatten die von zürich denselben iren burgern ain grosse büchsen gelihen, die lag ze wallenstatt, die nament die von schwitz mit inen herab, vnd fuorten si mit inen in die march.

It. do es ward vff aller hailgen aubent, vff aller hailgen tag, vnd vff aller selen tag, das was vff mentag, zinstag vnd vff mitwuch [96]), redten aber herren vnd stett darunder.

It. der bapst, der ze basel lag [97]), schikt sin erber bottschaft, sin bischoff vnd zwen ritter.

It. die stett fryburg ze vechtland, basel, bern, soloturn, lucern, vre vnd vnderwalden hettint gern güetlich vnd früntlich die sachen zertragen, vnd die von zürich vnd von schwitz vnd glaris in ainbracht, dass nit grösser schad darvon komen wür, vnd trybent das also dri tag, als vorstat. Also zuo letst vordretent die von schwitz vnd glaris, vnd wolten och nit anders, dass die von zürich geben söltint an ir kosten drissig tusent gulden, wan si zuo grossem vnd bürlichem schaden vnd kosten komen wärint. It. vnd söltint kain ansprach niemer mer gehaben an sanganser land, das si erst ingenomen hatten.

It. an windegg, wesen, gastren vnd was zuo windegg gehört hett.

It. an vtznach vnd was darzuo gehört.

It. vnd solt flums die vesti [98]) ain offen hus sin, bis der bischoff von chur dieselben vesti lösste, dess die aigenschaft ist.

---

96) 31. Oct. 1. 2. Nov. 97) Der Gegenpabst Felix V. (Amadeus v. Savoien). 98) Gruplang, spater Tschudi's.

It. die büchsen, die si denen von zürich ze walenstatt genomen hatten, sölt och ir sin, vnd mit namen söltint si des richs strass vff tuon; vnd weltint die von zürich der stuck aller ingon, vnd der stett botten, die darunder redten, darumb hafft vnd bürg sin, so weltint die von schwitz vnd glaris dar in lassen reden. Also antwurten die botten, sölichs wär inn nit empfolhet von ir herren, dass si jemants bürg würdint; so hetten si och die von zürich nit darumb gebetten; köndint si aber sunst üts guots darin gereden zuo baiden tailen, darumb wärind si da, dass si das gern tuon weltin. Also wolten die von schwitz nit anders darin lassen reden; also ward es zerschlagen vff aller selen tag, vnd fuoren die botten wider hin [99]).

40. Die von zürich sagent vss mit offner panner.

It. vff denselben tag nament die von schwitz in der von zürich biet küeg vnd andren plunder, dass man ze pfäffikon, ze frygenbach vnd bi dem zürichse vff vnd nider stürmt bis gen zürich in die statt. Also fuorent die von zürich vss mit ir panner vnd mit aller ir macht, me denn mit vierzig schiffen, vnd kament der selben nacht gen pfäffikon, vnd morndes an dem dornstag [100]) zugent inen die iren zuo vss grüeninger ampt, vss dem fryen ampt, ab dem zürichse, vnd ander, die si dann hatten.

41. Die von schwitz vnd glaris widersaiten den von zürich.

It. vff denselben dornstag [101]) widersaiten die von schwitz vnd glaris denen von zürich. It. die von sibental, von frutingen, von wäggis, von sanen vnd ander, die bi denen von schwitz in der march lugent, vnd kament den von zürich dieselben brieff gen pfäffikon.

It. vff denselben dornstag lagent si zuo baiden tailen still. Vff denselben tag zugent die von vre vnd vnderwalden mit ir panner vff den etzel, wan si warent von baiden tailen gemant, vnd warent also vnderenandern stössig; ain tail wär gern denen von zürich zuo gezogen, der ander tail denen von schwitz vnd glaris; ain tail wolt darunder reden, dass si also nit genzlich ains warent.

It. bi den selben zwai pannern warent villicht viiijc man.

It. desselben tags schikten die von zürich grüeninger ampt wider haim dass si ze buobikon vnd ze rüti hüetint, dass niemand in das ampt zug.

It. als es nun ward an dem fritag das was der nächst fritag nach aller hailgen tag [102]) Mccccxl, do zugent die von schwitz vnd glaris vnd die iren obnen den berg hin, vnd zugent vff schwendi, vff mos vnd daselbs vm, vnd zuntten da etwa mang hus vnd stadel an, vnd branten vnd wuosten vff moss, an silegg, an der schindellegi vnd daselbs vmb bis in die nacht.

It. des selben tags zugent die von zürich ob pfäffikon in die wisen ob dem dorf mit ainem grossen wolbezügten volk, das si schatzten für vj tusent redlicher vnd wol bezügter mannen, vnd hatten das alles ge-

---

99) nit darumb — wider hin bei Tsch. übersprungen. 100) 3. Nov. 101) Der Absagebrief bei Tschudi II. 310 ist vom Mittw. 2. Nov. selbst. 102) 4. Nov.

266

ordnet mit büchsen vnd mit armbrosten, vnd wie man sich weren sol, vnd
vordroten also die von schwitz vnd die iren herab zuo inen, so weltint si
mit inen fechten.

It. die von schwitz vnd die iren vordroten die von zürich hinuff zuo
inen. Also wolt entwedrer tail zuo dem andren.

42. Die von vre vnd vnderwalden widersaiten och denen von zürich.

It. desselben aubents widersaiten die von vre vnd von vnderwal-
den denen von zürich, an denen si wonden fründe ze han. Dess er-
schraken die von zürich übel, wan si mainten, ob si inen nit hilfflich sin
wolten, so söltint si doch früntlich vnd güetlich in ir sachen reden. It.
die von zürich schikten ir brieff vff den berg, vnd manten die von vre
vnd vnderwalden, dass si zuo inen zugint vnd inen hulffint. Do saiten si
inen ab vnd schikten ir botten mit disem botten, der si gemant hat, zuo
denen von zürich [103].

It. desselben aubents vff die nacht ordnoten die von zürich, die von
wolrow, die von richtiswil vnd von wädiswil, die von horgen vnd die vss
dem fryen ampt, dass ir aller villicht v hundert oder me warent, die solten
bi wolrow vff ainem bergli gen den schwitzeren ligen, vnd wölten die
von schwitz zuo den von zürich sin, so sölten die selben hinden an si
ziehen. Aber do die von zürich wichen, da wichen si [104] och, vnd zugent
ain tail haim, ain tail wichent och gen wediswil zuo der burg vff den berg,
darnach wich ain tail gen zürich, vnd jederman als er denn mocht.

It. in derselben nacht kam ain schreck vnd ain forcht in die von zü-
rich, dass si nit vil ruow hatten, vnd schickten also vor tag ir büchsen
vnd züg haimlich enweg gen zürich. Vnd do es ward am sampstag [105]
fruo vor tag, do luffent si ze schiff vngeordnot, vnd wer bass mocht der
tät och bass, vnd sait nieman dem andern nüts, vnd wisst och niemand
was der mär wäre, wan niemand hat inn nünts geton, vnd wissten och
die von schwitz vnd die iren nit, dass die von zürich also vff brachent.
Es ist och versechenlich, wärint die von zürich nit gewichen, die von
schwitz vnd die iren würint nit herab zuo inen komen, wan der von zürich
was vil me, vnd warent och vil bass bezügt mit allen dingen denn die von
schwitz.

It. also wichent nun die von zürich vff den see vnd hielten also vor
pfäffikon vff dem see mit vil schiffen, vnd hatten nieman ze pfäffikon ge-
lassen denn die hofflüt, die och gen pfäffikon gehorten, vnd warent also
von inen geschaiden, dass si inen kainen trost geben hatten, weder klain
noch gross; denn die von zürich hatten zwen in der burg gelassen, hann-
sen zoller vnd hannsen brunner, bed von zürich, die solten ir hoptlüt sin
vnd die vesti inhaben, vnd hiessen also die hofflüt zuo denselben in die
burg gan vnd biderb lüt sin.

---

103) Tschudi II. 311. 312. 104) Die Zürichsee-Leute. 105) 5. Nov.

It. da die von zürich also ain wil vff dem see gehielten, als vorstat, da fuorent si mit ainander gen verikon über den see, vnd hatten da rat vnd warent fast vnainhellig; ain tail wär gern beliben vnd schamtent sich der flucht, vnd inen doch niemand nüts geton hatt; ain tail woltent och nit beliben, si wolten gen zürich, als och beschach. Also assent si daselbs ze morgen, vnd hatten muot, si weltint nach dem essen aigenlich ze rat werden, was inen ze tuond wär. Do si erst gassen, da was der schrek in si komen, dass si aber ze schiff luffent, als ob man si jagte, vnd fuorent da hin gen zürich, vnd liessent die iren vngetröst, wan si hatten an inen selber kainen trost. Also zugent die von zürich desselben tags vntrostlich vnd zaglich ab, dess si vmb land vnd lüt kament, wan si wurdent ganz vnwerlich vnd alle die iren mit inen, wan inen was kain laid beschechen, vnd hatten och kain vigent nie gesechen, der zuo inen komen getöret [106]).

It. als nun die von zürich von pfäffikon gewichen warent, als vor stat, do kament die von schwitz dennocht nit herab, vnd forchten, es wär ain gezöch, vnd wolten si herab raizen, do si die schiff vff dem see sachent. Also schikten die hoflüt zuo dem abbt von ainsidlen [107]) gen rapperswil, vnd ruoften jn an für ninen herren, dem si doch vor nit fast gehorsam warent, vnd baten jn dass er käm vnd si schirmte vor denen von schwitz vnd den iren, dass si nit gebrennt wurdint; das och der vorgenant abbt tät, vnd rait vnverzogen von rapperswil gen pfäffikon. Vnd do er in die vesti kam, do fand er dennocht die hoptlüt, die die von zürich da gelassen hattent. Also redt er mit inen, dass si sich behendts von dannen hüebint vnd jm ain hus vnbekümbert liessint; si sechint doch wol, wie es erfarn wär. Dess si och nit fast onwillig warent vnd fuorent och enweg. Also rait der abbt zuo denen von schwitz vnd bat si ernstlich, dass si die sinen vnd die gotshus lüt zuo den ainsidlen vngewüest vnd vngebrent liessint. Also zugent si ab dem berg vnd nament pfäffikon die vesti in, vnd och das dorff. Die vier banner, schwitz, glaris, vnderwalden vnd vre wuosten vnd schadgoten die lüt fast, doch so brantent si da kain hus. Also schwuorent die hofflüt dem abbt vnd dem gotthus zuo den ainsidlen vnd och denen von schwitz, vnd was rechtung die von zürich daselbst gehept hatten, das söllten nun die von schwitz han.

Also zugent die von schwitz vnd glaris derselben nacht dennocht gen richtiswil, vnd lagent den sunnentag vber daselbs, vnd wuostent vnd schadgotent die lüt berlich Also machten die von richtenswil vnd von wedenswil och ain tüding mit den schwitzeren.

It. also an dem mentag [108]) zugent si aber für vnd wuosten also bi dem see ab bis gen kilchberg, vnd namen vnd wuosten was si fuunden, davon vil ze sagen wär. Si zugent also mit gewalt, dass niemand dess glich tät, als wellt man inen es weren.

---

106) Tschudi II. 312. 313. 107) Rudolf, Graf von Mosax. 108) 7. Nov.

It. si zugent och des selben mals in das fry ampt, das der von zürich was, vnd nament es jn, vnd schwuor das selb ampt och denen von schwitz.

It. also zugent nun all aidtgenossen denen von schwitz vnd glaris ze hilff mit offner panner, vnd widersaiten all gen zürich, von bern, von lucern, von zug, von vre vnd von vnderwalden.

It. also lagent die von schwitz vnd glaris ze kilchberg vnd daselbs vmb mit ir macht.

It. die von bern lagent ze adleswil bi dem alwis mit MM mannen

It. die von lucern lagent re russlikon vnd daselbs vm villicht mit xij c mannen.

It. die von zug lagent ze tallwil mit iiij c mannen.

It. die von vre vnd vnderwalden lagent och ze tallwil vnd daselbs vm mit viiij c mannen.

It. also wurden nun die lüt daselbs vmb den see gar bärlich geschadgot von aidtgenossen, wan daselbs vm was gar wenig geflöchnot. Es ward och ze horgen vnd daselbs vm etwa menig hus gebrennt, vnd wurdent also fast gewüest. Si nament och die gezierd in den kilchen, kelch vnd anders, das si funden.

Also lagent si daselbs vmb nach bi xiiij tagen vnd schadgoten die lüt fast.

It. die von bern schikten in das fry ampt, dass si inen rintflaisch schikten, oder si wellin es raichen [109]). Also schikten inen die vss dem fryen ampt xx guoter ochsen. Also wurdent die lüt fast vnd schädlich geschadgot in mangen weg, dass es hie nit aigentlich von sait.

Also warent nun die lüt zuo baiden siten ab dem zürichsee in die statt zürich gewichen, besunder was vnder der ow was vnz gen zürich.

It. an der ander siten des sewes was von mänidorf bis gen zürich was, dass si fast vil lüt ze zürich in der statt hatten. Vnd wonet kain man an twedrer siten des sews, der gen zürich hort. Es was jederman gen zürich in die statt geflochen, denn in etlichen dörfern warent frowen vnd kind.

It. was an der sil was, lüt vnd guot, was alles in die statt gewichen, vnd stuonden die hüser daselbs vm öd, vnd schluogent [110]) die öfen daselbs vm nider, dass die von zürich forchten, die von schwitz laiten sich da hin.

It. in dem closter an seldnow brachent si [111]) och die öfen nider in den stuben, vnd ward inen als not ze flöchnen, dass si ir win vmb den halbtail in die statt gaben ze tragen vnd ze füeren, vnd ward inen nit der drittail, wan es ward inen me denn halb gestollen, win vnd anders das si hatten, dass die selben closterfrowen gar bärlich geschadgot wurden von den fründen, dass man es schatzt bi vij c guldin.

It. es beschach och ze zürich in der statt so grosser schad mit stelen

---

109) holen. 110) nämlich die Züricher selber. 111) Dieselben.

den lüten, die da in die statt geflöcht hatten, dass dauon vil ze sa-
gen wär.

It. es wurden verstoln ganze fass mit win, da iiij oder v ainer win
inn warent, bett, pfullwen, küssi, kisten vnd kasten vnd mengerlai, als denn
die lüt geflöcht hatten.

It. es was desselben mals nit guot mannzucht noch maisterschaft ze
zürich, das bewist sich an mangen sachen, wan man getorst niemant ge-
strafen *qq*).

It. die von zürich hettint den iren von dem see vnd andern vil frünt-
schaft vnd eren gern erzöigt vnd erbotten, die zuo inen gewichen warent,
vmb deswillen dass si souil trüw zuo denen von zürich hatten, dass si von
dem iren wichen vnd das also liessint vndergan, vnd zuo inen in die statt
käment, vnd inen da weltint och lib vnd guot retten, vnd mainten, si wöl-
tind den selbön das niemer me ze guotem vergessen.

It. die von zürich erlobten och allen denen, die zuo dem iren weltint
vnd das also beheben, dass si doch nit ganz darumb kämint, dass si das
wol tuon möchtint vnd haim zuo dem iren keren; das weltint si inen ze
argem niemer mer zuo gesuochen, wan si möchtint inen laider zuo disem
nit gehelffen, vnd dankten den selben ir hilff vnd ir trüw. Also fuorent
ir vil von dem see wider haim, vnd taten als si mochten, dass si das ir be-
hüebint; doch was vnder dem lutterberg vnd vnder der ow was, die beli-
ben ze zürich.

It. also gabent nun die von zürich den selben die redlichosten vnd
besten herbergen, so si in ir statt zürich hatten, ir trinkstuben zuo dem
rüeden, zuo dem schneggen vnd zuo der maisen, vnd liessint si da ganz
gewaltig sin.

It. dieselben, die also gen zürich gewichen warent, nament den lüten
brot ab dem laden, flaisch in der metzig vnd anders, dess si bedorften,
vnd achtetend nit ob si kain gelt hettint.

---

qq) 1440. In dem jar vorgenant do viengend die von zürch ruodolffen
maysen, der ir burgermaister was gewesen, vnd leiten yn hert gefangen. Do
sin fründ des innen wurden, do giengen si für die rät vnd wolten wissen was
er geton hett; denen noch niemant, herren noch stett, wolt man sagen was er
geton hett, vnd muostend sine fründ alle sweren aide zuo got vnd den hailigen,
darzuo ewenclich nüts ze redend noch ze tuond, noch das schaffen geton werden,
an lib vnd an guot. Sie hettend willen, in ze vermuren ewenclich, biss das
er in der fangknuss sturbe, vnd kund niemant die sach wissen noch erfaren,
war vmb das wäre, vnd wa mit er das verschuldt hette, dann yn mengclich für
ain frumen man hielt, vnd das nam mengclich vnbillich vnd mainten herren vnd
stett, das si das nit billich hetten getan vnd ym gewalt vnd vnrecht beschäche.
Das wissend si wol. Es getorst niemant nüts dar zuo reden noch ton. Darnach
laiten sich die aidgenossen für zürich, vnd damit ward er ledig. Dacher p. 343.

It. si nament och höw, holz vnd anders vngebetten vnd vnbezalt, vnd redten dennocht darzuo das si lust.

It. man forcht ze zürich in den selben tagen vbel, dass zwaiung in der statt wurd, wan die von zürich warent nit ains, vnd gefiel nit jederman des andern ding wol So redten vnd taten die vssren das si lust, vnd getorst man niemant strafen.

It. man sol wissen dass die von zürich so erschrocken vnd verzagt warent, dass vil lüt mainten, es wär ain plag von gott. Es mainten och etlich, si wärint verzobret, wan si gestallten sich an kainen enden nie ze wer, vnd getaten och nie dessglich als ob si sich wceren weltint, vnd hettint doch die macht wol gehept an lüt vnd an an guot, vnd was ir kainem von dehainem vigent nie kain laid beschechen.

It. die von zollikon vnd ander ab dem sec gabent ir win, den si dennocht dahaim hetten ligen, vmb die fuor halben in die statt. Also ward vil wins ab dem zürichsee gen zürich in die statt gefüert vmb die halben, vnd etlicher türer, vnd getorst niemant das sin gereichen, vnd was kain vigent da, wan es kam des selben kriegs nie kain vigent an die selb siten des sews.

It. man hatt och geflöcht vss den hüsren bi der statt an der mur, die doch billich sicher gesin wärint, vnd hett alles römische rich mit den von zürich kriegt [112]).

It. do nun die von schwitz vnd die iren sachent, dass sich die von zürich als vnwerlich stallten, vnd nit vss der statt komen torsten, do luffent etlich muotwillig knecht von glaris vnd vss der march vnd ander, vnd nament schiff, die doch nit vil in schiffen konden, vnd fuorent zuo dem zürichsee, vnd luoden win, vnd fuorten den gen glaris, gen wesen, gen vtznach vnd in die march, dass si also grossen schaden taten.

It. vff den selben sampstag, als die von zürich von pfäffikon gewichen warent [113]), vff den aubent zugent die von vtznach ob dem berg vnd vss dem gastren gen wald, vnd wuostent da vnd nament ain roub, bi cx hopt vichs, vnd branten ain hus vnd ain schür vff hüttenberg, vnd zugent derselben nacht wider haim. Es ward och da vnd anderschwa vil geroubet vnd genomen, das nit alles hie geschriben ist.

Also fuorent nun allwen zuo der von schwitz vnd glaris lüt vss der march, von vtznach, vnd wannen si denn warent, vnd wo ir zwaien oder dryen ain schiff mocht werden, in die dörfer an dem zürichsee, vnd zugent den win vss den kellern, vnd luodent den, als ob er ir wär, dass inen das niemant wert, vnd taten och, als ob si darumb niemant förchtint.

Also muot nun die von zürich der muotwill vnd der schad vnd die schmach, vnd fuorent also vss mit mengem schiff vnd errettent da etwa manig schiff mit win, vnd erstachent in den selben schiffen zwen knecht, die andren entrunnent inen.

112) Tschudi II. 312—315 fast alles aus dieser Quelle. 113) 5. Nov.

It. si fuorent och desselben mals vff dem see vnd hieltent also gen den aidtgenossen von lucern vnd schussen also gen inen mit handbüchsen. Also ruofften si zuo denen von zürich, als mengen schutz si tätint, als menig hus weltint si brennen, als si och taten; wenn die von zürich ain schutz zuo inen hinuss taten, als bald zuntten si ain hus an, vnd liessent es brünnen. Also branten si vier hüsser, vnd erwarten [114]) also denen von zürich, dass si nit me zuo inen geschiessen torsten. Och warent die von dem zürich see zornig vnd redten mit denen von zürich, dass si darnach füerint vnd schussint, dass inen ir hüsser nit verbrent wurdent, oder si weltint anders darzuo tuon, vnd redten das si den lust [115]).

It. die von zürich schadgoten das closter an seldnow bi der statt zürich vnd die closterfrowen so bärlich, dass dauon vil ze sagen wär. Si schluogent in dem selben closter xv offen nider, si nament inen ir win vnd anders das si hatten, dass si dem selben closter vnd den frowen bi vij oder viij hundert guldin schaden taten, vnd luffent frowen vnd man zuo, vnd truogent den win mit gelten in die statt, die nit ganze fass mochten behopten, vnd schadgoten si och mit vil andern sachen. Also wurdent die selben frowen von den fründen geschadgot. Von den figend beschach in nie kain laid.

It. also lagent die vss grüeninger ampt vnd von gryffense, vnd was daselbs vm was, das villicht bi vj hundert mannen was, ze buobikon in dem closter, vnd do si horten, dass die von zürich ze pfäffikon vffgebrochen warent, da ritten ir hoptlüt gen verikon zuo denen von zürich, vnd baten si, dass si inen hilfflich wärint oder aber inn rietent, wi si tuon söltint. Also gabent inen die von zürich sölichen trost, dass si ze buobikon och vffbrechen vnd haim züchen sölten [116]) das nu geschach [117]); doch beliben die vss grüeninger ampt den mertail ze grüeningen in dem stettli [118]).

It. aber desselben mals, vff sonnentag darnach [119]), schribent die von zürich volrich von lomis, der lag ze elgöw in dem stettlin mit viij hundert mannen vss kyburger ampt, von andelfingen, von ossingen, vnd da si dann die von zürich hatten, der hoptman er was, dass er also von inen gen zürich rait, vnd gab den einen kainen trost, vnd hiess jederman haim ziehen vnd sich bewaren so best er mocht. Also zugent die vss kyburger ampt och wider hain [120]).

It. in disen dingen lag jungker peterman von raren [121]) mit den sinen von liechtenstaig, von turtail, von neckertail vnd daselbs vm, die von wil mit des abts lüten von sant gallen, vnd beringer von landenberg, villicht mit xvj c mannen ze tänikon, ze adorf vnd daselbs vm, vnd schadgoten die vss kyburger ampt schädlich, wan' si hatten inen etwa mengen

---

114) wehrten. 115) Tschudi II. 315. 116) vfbrachent vnd haim zugent Hü. 117) f. Hü. 118) Tschudi II. 316. 119) 6. Nov. 120) Tschudi cit. 121) der letzte des alten Namens, Sohn der Margareta von Räzüns, der Muhme des letzten Toggenburgers, mit seinem Bruder Hildbrand Erbe Toggenburgs.

roub genomen. Si hatten och an dem nechsten fritag daruor den turn
ze lomis verbrent, vnd volrich von lomis genomen was er daruff hat [117]).

It. als si nun vernament dass volrich von lomis gen zürich was vnd
die vss kyburger ampt gewichen warent, do zugent si gen elgöw vnd
nament das stättlin jn, vnd tröwten inen das ze brennen, oder si müesten
inen die burg och jn geben. Also schikten si hannsen von yssni och gen
zürich, der was hoptman vff der burg gesin, vnd gaben inen die burg och
jn. Also schwuorent inen die burg vnd das stättlin, vnd besatzten die
burg [123]).

43. Der von raren zoch och vff die von zürich.

It. also zugent si nun aber fürbass in kyburger ampt, vnd schadgoten
vnd wuosten die lüt bärlich; wan an inen was kain wer, vnd schuoff das
och fast dass si kain trost an denen von zürich hatten, vnd wo das volk zoch
in kyburger ampt, do luffent inen die lüt engegen, ee ob si die dörfer nit
brantint, vnd dass si och dester minder geschadgot wurdint. Aber si wur-
den dennocht fast geschadgot, besonder an essiger spis, vnd was si och
sunst züges funden.

It. also zoch nun diss volk vm, junckher peterman von raren, von
liechtenstaig, von wil vnd böss beringer von landenberg, dass ir aller bi
xvj c mannen warent, als vorstat, vnd schwuor man inen war si kament,
vnd nament jn die vorburg ze kyburg, andelfingen, ossingen, vnd was da-
rum gen kyburg gehört, pfäffikon, altdorf, kloten, bülach vnd was daselbs
vm was. Also richsnotent si da in dem land vm mit gewalt, dass niemant
dess glich tät, als ob man inen das weren welt, vnd schadgoten die lüt
fast mit rouben vnd andern sachen, das hie nit aigenlich von suit.

It. si fiengent och ir vil, aber es ward niemand erstochen.

It. die edlen vff dem land, die der von zürich burger warent, satzten [124])
sich och mit inen, als herr albrecht von landenberg mit wetzikon,
caspar von bonstetten mit uster, fridrich von bünwil mit gryffen-
berg, herdägen von bünwil ain bruoder mit werdegg. Also gieng es
nieman wirser denn gudenzen von hofstetten mit siner vesti ze kemp-
ten. Von dem wolten si kainen satz haben, wan er was besonder wol an
denen von zürich, vnd wolten jm die vesti brennen vnd nemen was er hett.
Also kam er kum darzuo dass er schweren muost, dass sin burgrecht ze
zürich ob wäri vnd er ir burger niemer mer sölt werden, vnd schwuor ain
ewig landtrecht gen schwitz, vnd muost inen darzuo geben fünf hundert
guldin vnd ij fuoder win, dass si ze trinken bettint, vnd muost dennocht
vil schmäher wort vertragen.

It. hainz von hettlingen muost och ain landtrecht gen schwitz
schweren, vnd muost dennocht xl guldin geben für wuostung. Der selb
hettlinger sass ze wissnang vff dem turn.

---

122) Tschudi II. 316. 123) Tschudi II. 316. 124) verglichen. Satz Verglich (compositio).

Vnder disen dingen besatzten die von zürich die vesti ze **kyburg**, vnd nament von jetlicher zunft zwen, ainer mit aim armbrest vnd ainer mit ainer handbüchs, also dass ir xxvj warent, vnd schikten die gen kyburg, dass si da hüeten söltin. Dessglichen taten si och gen gryffensee von jetlicher zunft ain, dass ir xiij wurden, die zuo gryffense hüeten solten. Grüeningen hatten si vor besetzt.

Also in disen löuffen schikten die vss **grüeninger ampt** gen zürich, vnd ruoften si an vmb hilff vnd trost, vnd dass si inen rietint wie si sich söltin halten, wann si wärint verdorben lüt, die sich nit enthalten möchtint, wöltint inen die von zürich nit ze hilff komen. Do antwurt inen der stattschriber von zürich [125]), der in disen tagen der gewaltigisten ainer was, si [126]) sechint wol, wess si muot [127]) hettint, vnd was ir mainung wär, dass si sich darnach richtint, vnd schwüerint si zuo denen von schwitz, was dann die von schwitz da geleibt [128]) hettint, das weltint die von zürich brennen vnd wuosten. Das was der trost, der inen damals von denen von zürich ward.

It. als nun die von schwitz bi dem zürichsee abzugent, vnd da wuostent, als vorstat, hatten si den reding ab dem sattel ze **pfäffikon** vff der burg zuo ainem hoptman gelassen, vnd etwan mengen knecht bi jm. Si laiten och gen **hurden** zwai hundert knechten von schwitz vnd vss der march. Die selben trybent och grossen muotwillen bi dem see, wan si fuorten etwan menig schiff mit win vnd mit andren dingen ab dem zürichsee, dass inen das nieman wert; si fuorent och vff dem see, vnd wer ab dem zürichsee gen raperswil [129]a) flöchnen welt oder geflöchnet hatt, das si vor dem tor funden, vnd voglotten [129]b) also etwa dik da, dass si es an dem tor nament, vnd inen das niemand wert, vnd täten den lüten grossen schaden.

It. also truogent nun aber etlich vss **grüeninger ampt** an mit denen von schwitz, die dennocht ze hurden vnd daselbs vm lagent, dass si kämint, so wöltint si inen hulden. Also ward vff dornstag, das was vff sant martis aubent [130]), zugent die selben von schwitz vss der march, von vtznach ab dem berg, von schmürikon, von wesen, vss dem gastren, vnd was si denn zesamen bringen mochten, vnd samloton sich also ze **rüti**, vnd assent da ze ymbis, vnd kament ir also zesamen villicht viij c mannen, vnd zugent da mit enandern gen grüeningen. Also schwuorent inen die vss grüeninger ampt desselben aubents, das was sant martis aubent, anno dni Mccccxl [131]).

It. also manten die von schwitz graff **hainrichen von sangans**, iren landtman, vnd die von **walenstatt**, die och nüwlich zuo inen geschworen hatten. Also vff den nechsten sunnentag darnach [132]) kam graf

---

125) Michel Graf, ein Schwabe, mit Stüssi ein Hauptsporner, „ain uffrüerischer Mann" Tschudi. 126) in Zürich. 127) im Sinne. 128) laiben übrig lassen (λείπω, linquo). 129 a) dass inen — raperswil f. Tsch. 129 b) fogloten Ilü. aucupari, erbeuten erjagen. 130) 10. Nov. 131) Tschudi II. 316. 317. 132) 13. Nov.

hainrich mit zwai hundert knechten wol bezügt. Es kament och die von walenstatt.

It. vff den selben sunnentag beschikten die von schwitz die büchsen vss der march, die si denen von zürich ze wallenstatt genomen hatten, vnd wolten die burg ze g r ü e n i n g e n damit niderschüssen. Die vss grüeninger ampt füerten die selben büchsen mit ir rindern gen grüeningen in das stettli.

It. vff den nechsten sampstag nach sant martis tag, das was crastina martini [133]) verbrannten die von schwitz die burg ze l i e b e n b e r g. Die selben vesti hat ruodi netstaller von zürich verpfendt von denen von zürich. Er ward och in der selben vesti nie genöt, denn mit worten, vnd gab inen das hüpsch hus vff, vnd liess si es brennen, das doch wol ze beheben wäre gesin.

It. si liessent dem selben netstaller allen sinen blunder heruss.

It. also hatten junkher peterman von raren vnd die mit jm zugend, in kyburger ampt, als vorstat, die vesti ze k y b u r g belait mit zwai hundert mannen [134]) vss dem ampt. Die lagent in dem vorhoff, dass also niemand von der vesti noch darzuo komen mocht. Si hatten och etlich knecht gefangen, die haimlich ab der vesti wolten sin, ir dry der besten.

Also zoch nun das volk in dem land [135]) vm, als vorstat, vnd schadgoten die lüt bärlich. Also enbutteu inen die von schwitz vnd baten si ernstlich, vnd gebutten inen och, was si ze gebieten hatten, dass si zügen zuo den iren gen g r ü e n i n g e n vnd bi den selben da lägint, das si och also taten.

Als nun die von zürich innen wurdent, dass niemant me in kyburger ampt vmb zoch vnd si all ze grüeningen bi enandern lagent, do zugent si hinuss gen k l o t e n, gen b ü l a c h vnd daselbs vm, vnd was die geleipt hatten, das nament die von zürich, ochsen, küe vnd anders das si funden, vnd trybent es gen zürich. Es schwuorent och etlich wider zuo inen. Also wurdent die armen lüt von baiden tailen geschadgot. Aber vnder disen dingen schikten die von zürich bi fünf hundert knechten ze fuoss vnd ooh etlich ze ross gen k y b u r g, der hoptman was herr hainrich schwend, vnd zugent also nachtes gen kyburg, vnd do es ward vor tag, warent si ze kyburg an dem vorhoff, vnd hatten also kuntschaft. Vnder den zwai hundert knechten, die in dem vorhoff lagent, was niner, der denen von zürich kuntschaft gab vnd die verriet, die bi jm lagent, vnd schuoff mit der kry [136]), dass si die tor an dem vorhoff vff taten. Also vielent die von zürich jn vnd fiengent ir bi xl knechten; etlich entrunnen inen; vnd füerten si mit inen gen zürich.

Aber vnder disen dingen warent die von zürich heruss bis zuo dem k a l t e n s t a i n; der wurdent aber die von schwitz vnd die andren innen, die zuo grüeningen lagent, vnd fiengent der wachter vij guoter knecht,

---

133) 12. Nov. 134) knächten Hü. 135) ampt Hü. 136) ori Wortzeichen.

vnd fuortent si gen vtznach in den turn. Also zoch her r u o d o l f s t ü s s i, burgermaister, mit denen von zürich wider hain. Der was villicht fünf hundert man.

Es was in den selben tagen offen red, was die von s c h w i t z vnd die iren innemint, das tätint si zuo des richs handen, vmb dess willen, dass die lüt inen dester williger wärint zuo schweren vnd ze hulden. Aber do es zuo iren handen kam vnd inen die lüt in grüeninger vnd in kyburger ampt ge- schworn hatten, da schuoffen si damit das inen dann eben [137]) was on vrlob des römischen küngs vnd des hailgen riches. Das klagten die selben lüt ernstlich vnd treffenlich von inen [138]).

44. Die von schwitz gewunnen grüeningen den von zürich ab.

Anno dni tusent vierhundert vnd in dem vierzigosten jar [139]) ward vff- geben das kaiserlich schloss, die veste g r ü e n i n g e n. Daruff warent jacob murer, vogt daselbs, der alt hanns hagnower, ruotschman vfikon [140]), hanns zäg, zwen studler, gebrüeder, all von zürich, vnd hatten bi inen dass ir bi vierzig redlicher gesellen warent, vnd hatten guots wins vnd aller kost ge- nuog. Si hatten och vil guoter büchsen, grosser vnd klainer, vnd darzuo zügs vnd bulfers gnuog, vnd knecht, die da mit konden [141]), vnd me denn zwainzig armbrost.

It. man sol wüssen dass die veste nie genött ward mit kainem züg, klain noch gross. Es geschach och nie kain schutz mit kainer büchsen gegen der veste, denn dass si mit worten das herrlich schloss gewunnent, wan si behuoben och nit voll vj tag nach dem vnd das ampt denen von schwitz geschwuor.

It. es ward och kain mentsch daruor noch daruff geletzt, denn dem vogt ward ain zan vss geschossen vnd durch ain baggen mit ainer hand- büchsen.

Also nament die von schwitz die veste ze grüeningen in, vnd la- gent dennocht vier tag daselbs, vnd hettint die vff der burg dennocht nun dry stund gehept, so hett si niemand genött, wan es was beredt, dass nie- mand den andern schadigen sölt. Die aidtgenossen hatten ain satz daran gemacht, vnd redten och ernstlich darunder, vnd was der bott vnderwegen, der es denen von schwitz vnd den andren sagen sölt, die zuo grüeningen lagent. In dem gabent si die vesti vff.

It. also liess man alle die vff der burg warent, faren vnd gon war si wolten mit ir züg, vnd was si hatten; aber was der von zürich was, büch- sen, armbrost, züg, muostent si da lassen.

It. also was sant othmars tag vff die mitwuchen, darnach an dem sunnentag [142]) brachent si zuo grüeningen vff vnd zugent dannen. Des

---

137) bequem, gelegen. 138) Tschudi II. 317. 139) 16. Nov. St. Othmar. 140) vri- kon IIte. 141) d. h. umgehn. 142) 20. Nov.

ersten die von schwitz, die warent och sächer¹⁴³), vnd fuortent die büch-
sen mit inen, der¹⁴⁴) hoptman was aman redings sun von schwitz, der hin-
kende. Darnach zugent all ir helffer, als vor geschriben, da dannen, die
inen ze hilff vnd ze dienst da hin zogen warent.

It. si liessent och vff der selben vesti ze grüeningen kain hoptman
noch nieman der iro, denn dass si das selb hus empfolhen denen in grüe-
ninger ampt, dass si es selb inn hettint. Dess erschrakent die in dem
ampt vbel, vnd forchten, dass die von schwitz denen von zürich die vesti
vnd das ampt wider geben weltint, schikten also ir bottschafft hain mit
denen von schwitz, vnd baten vnd ermanten die von schwitz, was si erma-
nen konden, dass si die vesti vnd das selb ampt nit me von handen
liessint; wan sölltint si wider in der von zürich hand komen, so müestint
si ewengklich arm vnd ellend lüt sin an lib vnd an guot. Also gehiessent
inen die von schwitz wol vnd gabent inen guoten trost.

It. also wurdent nun die selben lüt, die zuo denen von schwitz ge-
schworn hatten, als wol getröst von denen von schwitz vnd den iren, dass
si mainten, si sölltin niemer mer in der von zürich hand komen, wiewol
es von den aidtgenossen vnd von den richstetten vnd andren, die darunder
geredt vnd getädinget hatten, beredt was, dass es inen wider werden söllt,
so wärint si dennocht als vast gesterkt vnd getröst, besonder grüeninger
ampt, dass si sich fast wider die von zürich satzten, vnd mainten, si wur-
den ir herren niemer mer, vnd sölt es lib vnd guot kosten.

It. do es ward vff sant katherinen tag¹⁴⁵), schikten die von zürich ir
erber bottschaft gen grüeningen, herr hainrichen schwenden, ritter, vnd
hannsen brunner, vnd erforderten vnd baten da die von grüeningen, dass
si inen die vesti ingeben zuo der von zürich handen, vnd ermanten si,
wess si si da ermanen konden, wan inen die selb vesti vnd das ampt vnd
anders, das si jetz verloren hettint, versprochen vnd verhaissen wär ganz
wider ze keren in der täding, als die aidtgenossen abgezogen wärint. Also
baten si och die in dem ampt, dass si das also fründlich vnd güetlich tä-
tint, das weltint si inen ze guotem niemer mer vergessen. Si weltint och
das ze argem niemer mer zuo gesuochen, dass si gen schwitz geschworn
hettint, vnd anders das sich jetz in den sachen verloffen hett. Also wolten
inen die vss dem ampt kain antwurt geben, denn dass si inen nit hulden
wöltint noch nüts ingeben. Also hielten die von zürich ze grüeningen vor
dem stettli, vnd ritten och also hnin, dass sie nie in das stettli kament¹⁴⁶).

It. als nun die aidtgenossen ze kilchberg vnd daselbs vm lagent,
als da vor geschriben stat, vnd die von zürich vnd die iren bärlich schad-
goten, an denen die von zürich trost vnd guot fründ wonden han, beson-
der an denen von lucern, von zug vnd von vre, wan die von zürich main-
ten vnd redten och das offenlich vnd vnhelbarlich¹⁴⁷), die selben hettind
inen hilff angsait, vnd lägint nun da vff ir schaden, vnd wüestint si, vnd

---

¹⁴³) Veranlasser. ¹⁴⁴) deren. ¹⁴⁵) 25. Nov. ¹⁴⁶) Tschudi II. 320. ¹⁴⁷) unverholen.

hatten inen och widersait, also warent die von zürich fast erschrocken vnd
bekümbert, vnd begabent sich me denn man inen wol zuo torst muoten,
denn dass sich die richstett ernstlich darin laiten, vnd starkten die von zü-
rich fast, dass si sich nit also liessint erschrecken vnd sich ze vil begäbint;
si weltint sich trüwlich in ir sach legen vnd inen helffen mit lib vnd guot,
vnd weltint ir sachen noch all ze guotem bringen. Vnd also stiessend die
statt denen von zürich ain hertz in.

It. Dis sind die herren vnd stett die darunder ritten: des ersten graf
hug von montfort, maister sant johanns ordens in tütschen landen,
junkher hanns von hewen fry, des bischoffs von costenz bruoder; die
stett basel, costenz, vlm, rauenspurg, lindow, vberlingen vnd
sant gallen.

45. Die richtung zwüschent denen von zürich, von schwitz vnd glaris.

Also ritten nun die herren vnd stett ernstlich darunder, vnd nament och
der aidtgenossen botten zuo inen, wiewol si do zemal deren von zürich
vigent warent vnd inen abgesait hatten, vnd brachten es darzuo, dass die
sachen ganzlich gericht wurden, vnd ain notel offenlich vorgelesen ward,
wie vnd wo es beston söllt, vnd was baid tail ain andern tuon sölltint.
Darnach ward die sach gericht vnd die sach ze lucern genzlich beschlos-
sen vnd besigelt mit der von zürich insigel, och mit der von schwitz vnd
glaris insigel. Darzuo besigloten aller aidtgenossen botten, die och diss
richtung vnd täding genzlich beschlussent.

It. vff den selben tag gen lucern kament och die vorgenanten herren
vnd aller stett botten, die darunder geredt hatten [148]).

46. Wie sich die aidtgenossen erkennt hatten, vnd was jetwedrer tail dem andren tuon sölt.

It. des ersten so erkanntent sich die aidtgenossen, dass die von
schwitz vnd glaris ab dem veld ziehen sollten, vnd die von zürich fürbas
vngeschadgot söllten lassen an ir lib vnd an ir guot, wan die von zürich
bütten sölich gemain gelich recht, der si vor nie kains in welten gon, dass
die aidtgenossen vermaintin [149]), die von zürich wärint gewisst vnd gehor-
sam gemacht, vnd weltint si fürbas hin nit mer schadigen, vnd weltint och
nit dass si die von schwitz vnd glaris mer schadgoten. Also vff sampstag
nach sant othmars tag [150]) anno dni Mcccxl zugent die aidtgenossen all
ab, als si ze kilchberg vnd daselbs vm gelegen warent.

It. die von zürich söllent des richs strass vff tuon vnd denen von
schwitz vnd glaris vnd all iren nachkomen kouff lassen, es sige lützel oder
vil, welcher lai es sig, vnd dauon ir zöll vnd vngelt nemen, als das von

---

148) Tschudi IL 318—320. Spruch vom 1. Dez. 1440. p. 320—324. 149) bedacht
Hü. 150) 19. Nov.

alter har komen ist, vnd nüts nüwes daruff setzen. Dess gelich sond die von schwitz vnd glaris och tuon.

It. wälsch win, brissgüwer, elsasser söllint die von zürich och durch ir statt lassen gon, das vil jar och nit beschechen ist.

It. alles das och die von schwitz vnd glaris denen von zürich ob dem wallense ingenomen vnd abgebrochen hand, es sigint ir burger gesin, landtlüt, herrlikait, es sigint ligents oder varents, nünts vsgenomen, das sol hin für der von schwitz vnd glaris sin, vnd söllent die von zürich ganz dauon sin vnd fürbass niemer mer darzuo gesprochen.

It. der hoff ze pfäffikon, der hoff ze wollrow, hurden, vffnow vnd alles das zuo den selben höffen gehört, alle gewaltsami, herrlikait vnd recht, stür vnd zins, vnd was die von zürich an denselben höffen gebept hand, sol nun hinfür jemer ewengklich der von schwitz sin, vnd söllint die von zürich niemer mer darzuo gesprechen.

It. die lüt ze richtiswil vnd ze wedischwil, vnd alles das ander, so von alter har zuo der burg ze wediswil gehört hat, sol fürbas vnbekümbert sin von mengklichem, zuo der selben burg gehoren vnd sant johanns orden sin, vnd niemand anders nüts gebunden sin denn wer je comenthur da selbs ist, als jetz graf hug von montfort, der maister, vnd sol alle gewaltsami ab sin, so die von zürich je daselbs gehept hand, es sig burgrecht, vogtrecht, stür oder anders. Si söllent allain zuo dem hus gebunden sin vnd sunst niemand anders, weder denen von zürich, noch denen von schwitz, noch niemant [151]).

Als och grüeninger ampt, das fry ampt vnd anders, so der von zürich gesin was, och denen von schwitz vnd glaris geschworen hat, also solten die von schwitz vnd glaris die selben all ir aiden erlassen, vnd sölten die denen von bern schenken; die selben von bern möchtint denn mit den selben lüten tuon vnd lassen als si denn das best ducht [152]).

It. als der von raren mit den sinen vnd och die von wil vnd ander denen von schwitz vnd glaris ze hilff gezogen wärint, mit denen si och ain landtrecht hatten, vnd denen von zürich och vil lüt vnd anders abgebrochen hatten, kyburger ampt, elgöw, andelfingen vnd anders, also ward beredt, dass man dieselben ernstlich bitten söllt, dass si die selben lüt wider von handen liessint, vnd denen von zürich die iren also wider werden, wan die von schwitz vnd glaris hatten inen versprochen, was si gewunnen, da der von schwitz vnd glaris panner nit [153]) bi wärint, das söllt ir sin. Also liessent es die von schwitz vnd glaris beliben, man könd inen es dann ab erbitten.

It. es ward och in diss richtung aigenlich beredt vnd gemachet, dass kain tail dem andern fürbas misshandlen söllt weder mit worten noch mit werken, noch niemand der dem andern tail behulffen oder bigestanden wäre.

It. aber darnach bald vor wienächt ward ain tag gen w i l gemachet,

---

151) noch niemant f. Hü.   152) mochten Tsch.   153) nit f. Hü.

kament der aidtgenossen botten, die von bern vnd ander vnd baten da den von raren vnd die von wil, dass si es tätint durch ir bett vnd dienst willen, vnd denen von zürich wider gebint das kiburger ampt vnd alles anders, so si jetz denen von zürich ingenomen hettint. Das wolten aber der von raren, die von wil vnd die inen gehulfen hatten, nit tuon, vnd sprachent, si würint desselben kriegs vnd der raiss zuo grossem bärlichen schaden vnd kosten komen, vnd wär inen versprochen, was si gewunnint, das söllt ir sin, vnd sültint si diss also von handen lassen, das wär ganz ir verderben, vnd könden vnd möchten es nit tuon denn mit recht.

Darnach an dem achtenden tag nach wienächt [154]) ward ain tag zuo dem rechten gesctzt ze den einsidlen zwüschent denen von zürich vnd denen von schwitz vnd ir landtlüten, dem von raren vnd denen von wil. Also ward die sach zuo dem rechten gesetzt vff vier man, zwen von zürich vnd zwen von schwitz, von zürich jackli von komm schriber, vnd hanns keller, von schwitz der jung aman ab yberg vnd aman redings sun; der gemain was von vnderwalden, hennsli müller.

Also vnder disen dingen ducht nun die von schwitz vnd markten och an den aidtgenossen, dass ir mainung was, dass denen von zürich die iren wider werden sölten, nach dem als die richtung beschechen was, vnd forchten, dass si die von handen lassen mülestin, die si aber gar wol getrost hatten, si söltint [155]) niemer mer in der von zürich hand komen. Also ward haimlich ain bott geschikt zuo dem römischen küng [156]), der was in österrich zuo der nüwen statt, vnd was dennocht nie in diss land noch an den rin komen, nach dem vnd er ze küng erwelt ward. Derselb bott hiess caspar torner vnd was von schwitz, vnd vor och etwa lang an des kaisers hoff gewesen, da er den aidtgenossen etwa mangs von demselben kaiser sigmund erworben hat. Also gab der selb bott dem küng die sachen also für, dass der küng den aidtgenossen ernstlich schraib, denen von bern, von lucern, von schwitz vnd andren, dass si grüeningen das ampt vnd das kyburger ampt vnd alles ander, so jetz denen von zürich abgebrochen vnd ingenomen wär, nit liessint wider zuo der von zürich handen komen, denn das si den selben lüten also hilfflich vnd biständig würint, dass si sich also enthalten möchtint bis vff des küngs zuokunft, so wölt er selb darzuo keren vnd beschowen, wer recht oder vnrecht hett.

It. der küng schraib och den selben lüten von grüeningen, von kyburg vnd den andren, dass si sich also enthieltint vnz vff sin zuokunft. Wär och dass inen die von zürich in dem trang tuon weltint, oder si wider in ir gewalt bezwingen weltint, so söltint si anrüeffen die aidtgenossen vnd ander stett, denen er ernstlich darumb geschriben hett, dass si inen hilfflich würint bis vff sin zuokunft, dass si dess also erwarten vnd beliben möchtint.

It. der küng hat och dess glich geschriben denen von wintertur, von rapperswil vnd von sant gallen, dass si den selben hilfflich wärint, ob si die von zürich oder niemant anders welt trengen [157]).

47. It. diss brieff kament in der wuchen vor llechtmess anno Mcccrilj [158] a).

Hie nach stand geschriben die brieff, die küng fridrich von österrich, der römisch küng, den aidgenossen, den von grüeningen vnd andren stetten gesant hat.

Wir fridrich von gottes gnaden römischer küng, zuo allen zitten merer des richs, hertzog ze österrich, zuo stir, zuo kärnden vnd zuo krayn, graff zuo tirol, enbieten vnsren lieben getrüwen, den burgermaistern, schulthaissen vnd räten gemainlich zuo wintertur, rapperswil vnd zuo sant gallen vnser gnad vnd alles guot. Lieben getrüwen. Als sich gefüegt haut, dass die schloss, stett vnd herschafften grüeningen, elgew, andelfingen, ossingen vnd pfäffikon vss der von zürich gewalt komen sind vnd nu zuo vnser handen gehalten werden, vnd vns warten söllen, vntz vff vnser nächste kunfft hinuff zuo land, also enpfälhen üch allen vnd üwer jeglichem besunder von römisch künglicher macht ernstlich vnd vestlich mit disem brieff, ob jemant die genanten schloss vnd die lüt so dar zuo gehörent, och die so die jetz inhabent, bekümbren vnd die von vns trängen vnd ziehen wölt, dass ir denn denselben lütten hilfflich, bieständig vnd fürderlich seyt, vntz wir selbe hin vff komen vnd die sachen nach notturfft für genemen mugent. Vnd lat üch das fleisslich beuolhen sin, als ir vns dess schuldig syt vnd wir üch dess gentzlich getruwen. Das stet vns gnädenklich gen üch zuo erkennen. Geben zuo der nüwenstatt am frytag nach sant erbartz tag anno dni Mcccxlj, vnsers richs im ersten jar.

Den von grüeningen.

Wir fr. v. g. g. r. k. z. a. z. m. d. r. u. w. enbieten vnsren lieben getrüwen den burgern vnd den lewten gemainlich zuo grüeningen vnd in dem ampte daselbs vnser gnade vnd alles guote. Lieben getrüwen, als sich gefüegt hat, dass ir aus der von zürich gewalt komen seit, also schriben wir jetz denen von bern vnd von schwitz, dass si ew niemand vergeben, sunder ew schirmen vnd handthaben, auff vns ze warten vntz auff vnser nägste kunfft hin auff zuo lande, die sich kürtzlichen schikken wirdet, als wir nicht anders wissent. Vnd nach dem ir von alter zuo dem hausse österrich gehört, so enpfelhen wir ew vnd begern, gebietten ew och von römscher künglicher macht ernstlich vnd vestiklich mit disem brieff, dass ir ew auff sölich vnser kunft vnd dar nach als lang vntz wir die sach fürgenemen mugen, zuo vns haltet vnd auff vns wartet, wann dann so wellen wir gedenken weg. darinne zuo halten, damit ir wol fürgesehen vnd guotlich von vns gehalten werdet, vnd getruwen ew wol ir tutt dar inne nicht anders als ir vns dess schuldig seit. Das wellen wir gnädeklich gen ew

---

157) Tschudi II. 324, 325. 158 a) Diese Rubrik f. Tsch.

erkennen. Geben zuo der newen statt am freytag nach sant erhartz tag anno dni Mcccc quadragesimo primo, vnsers reychs im Ersten jar. . . .

Ad mandatum dmm Regis Conradus ppt. wiennensis.

It. dar nach in der'selben wuchen vor liechtmess ward ain tag gemacht gen bern. Da kament aber baid tail hin vnd der aidgenossen botten, jt die brieff von dem küng, als vor stat. Vff disem tag wurdent die sachen nit vss getragen, vnd ward ain tag gen lucern gemacht¹⁵⁸b).

48. Die aidtgenossen kament zesamen gen lucern.

Anno dni Mccccxlj kament aber vff den tag gen lucern baid tail vnd aller aidtgenossen botten vff mittwuchen vor¹⁵⁹) kathedra petri. Also klagten die vss grüeninger ampt allen aidtgenossen fast vnd schwarlich ab denen von zürich, vnd hattent da ain rodel mit vil artikel gemachet wider die von zürich, wie si inen grossen gewalt vnd vbertrang vil jar geton hettint, vnd nüw vffsätz vnd recht gemachet hettint, vnd ir alt herkomen vnd recht abgebrochen hettint, das si inen doch verhaissen vnd versprochen hettint, si da bi lassen ze beliben, do si inen des ersten schwuorent. Vnd baten also die aidtgenossen ernstlich, dass si inen doch hilfflich wärint, dass si vor sölichem geschirmt wurdint, wan inen och sölichs versprochen wär. Si manten och die aidtgenossen ernstlich an des küngs schriben, vnd saiten och, wie inen der küng geschriben hett, dass sie sich also enthieltint bis vff sin zuokunft; welt si aber fürbas jemant trengen, dass si denn die aidtgenossen sölltint anrüeffen vmb hilff vnd schirm, wan er inen ernstlich darum geschriben hett.

Also antwurt ainer von vnderwalden da offenlich vor mengklichem: jn nemm wunder, dass si oder jemant als torrecht wär, dass er wonde, dass die aidtgenossen ir pünd brechint durch des küngs schribens willen, vnd dass inen der römisch küng noch sinest schrib vnd der bapst darzuo, so weltint si es dennoch nit tuon.

Also hielten die aidtgenossen nit vil vff des küngs schriben, vnd giengent och dem nit nach in der mass als er inen geschriben hatt, vnd wolten och das nit genzlich, vnd was ir mainung, dass die von schwitz grüeningen das ampt vnd das fryg ampt vnd das ander gantz von handen liessint, als es in dem veld getädingot vnd versprochen was. Also ward da ain täding von den aidtgenossen gemacht, dass grüeningen das ampt vnd das fryg ampt denen von bern söllt schweren, vnd solten die von schwitz si ir aiden ledig lassen, so si inen geton hatten. Da sachent die armen lüt vss grüeninger ampt, das der trost vss was, den inen die von schwitz geben hatten; doch ward da beredt, dass die vss grüeninger ampt denen von bern ir artikel in geschrift geben söltint, so weltint si darüber sitzen vnd besechen was si billich dücht, wie die von zürich das selb

---

¹⁵⁸ b) Die Briefe und dieser Passus allein bei Hüpli p. 275. ¹⁵⁹) war? Mittwoch 18. Jan. war eben dies Fest.

ampt halten sölltin, vnd wöltint si och dess versichern mit brieffen, dass si dess also jetz vnd hiernach sicher wärint.

It. vff dem selben tag ze lucern ward och geredt von den aidtgenossen mit dem von raren vnd den sinen, vnd och mit' denen von wil, dass si alles das von handen liessint, so si denen von zürich abgebrochen vnd ingenomen hettint, es wär kyburger ampt, elgow, andelfingen, ossingen oder anders, das wär je der aidtgenossen mainung, denn sölltin die darum sprechen, vff die es gesetzt wär, als da uor stat, so wurde der von raren vnd die von wil denen von zürich kosten vnd schaden ablegen; vnd ward mit dem von raren vnd mit denen von wil als vil geredt, vnd markten och der aidtgenossen mainung, dass si das alles von handen liessint on spruch, wan hettint si es nit mit lieb geton, so ist versehenlich, si müestint es geton han on dank, wan es was je der aidtgenossen mainung, dass es alles wider denen von zürich wurd. Also hatten der von raren vnd die sinen vnd och die von wil vmb sunst kriegt, wan si muestent es alles von handen lassen, denn allain was si geroubet vnd den lüten genomen hatten, vnd ward inen nüts an iren grossen schaden vnd [160]) kosten, vnd was inen dennocht nit vil jeman desto hölder.

49. Denen von zürich ward das ir wider.

Also nament die von zürich diss alles wider in, vnd muosten inen schweren als vor, vnd ward dem von raren, böss beringer von landenberg vnd denen von wil nüts denn brantschatzung vnd schatzung so si den edlen vnd andren geton hatten vnd mit inen vberkomen warent, als vorstat.

50. Von den schwitzern.

It aber darnach vff den nächsten zinstag vor sant mathis apost. [161]) erliessent die von schwitz die vss dem fryen ampt ir aiden, so si inen geton hatten, vnd hiessent si denen von bern schweren. Also schwuorent si des selben tages dem schulthaissen von bern, der gebott inen bi dem selben aid, wider denen von zürich zuo schweren. Also schwuoren die vss dem fryen ampt des selben tags wider gen zürich, als vor.

It. vff den nächsten dornstag darnach, das was vff sant mathias aubent[162]), kament der von bern botten mit denen von zürich gen grüeningen, vnd hettint gern gesechen, dass si wider denen von zürich geschworen hettint, vnd redten das och ernstlich mit dem ampt. Also wolten si nit wider denen von zürich schweren, si weltint vor sicherhait von denen von zürich han, das inen och von den aidtgenossen versprochen was, man welt inen helffen, dass si bi ir alt herkomen vnd frihait belibint. Also schwuorent si des selben tags denen von bern, vnd gabent och denen von bern die veste ze grüeningen in, mit der von schwitz wissen vnd willen; die von bern gabent och des selben tages gelich den von zürich die sel-

160) schaden vnd f. Hü. 161) 21. Febr. 162) 23. Febr.

ben vesti in. Also nament die von schwitz des selben mals vff der vesti ze grüeningen büchsen, armbrust vnd alles das si funden, das der von zürich gesin was, vnd füerten es gen schwitz.

It darnach vff dem balm abent [163]) kament aber der von bern botten mit denen von zürich gen grüeningen, vnd erliessent daselbs das selb ampt ir aiden, so si denen von bern geton hatten, vnd hiessent si da denen von zürich wider schweren, als vorstat, vnd versprachent inen da baid tail, bern vnd zürich, dass si vbertrangs vnd nüwer vffsätz von denen von zürich fürbas vberhept söltint werden, vnd sült och niemand dess engelten gegen denen von zürich, wie er sich in disen löffen gehalten hett, vnd dass si gen schwitz geschworn hatten.

It die von bern hatten och ain brieff gemacht, wie die von zürich das selb ampt fürbass halten söltint, vnd hatten etlich stuk abgetan, als sich die selben löt vor inen erklegt hatten. Si machten och etlich stuk darzuo, dass die in grüeninger ampt den selben spruch nit vast lopten, vnd muosten dennocht denen von bern vil geltes vmb den brieff geben, vnd hatten ir sach nit fast damit gebesseret. Also schwuorent si wider zuo denen von zürich vnd hatten arbeit, kosten vnd schaden vnd schand vmb sunst gehept, vnd was aller ir trost vss, der inen vor dik geben was. Also mainten die in grüeninger ampt, si weltint kain geloben an die von schwitz niemer mer gehan, denn si hettint si wol getröst, si wöltint lib vnd guot zuo inen setzen vnd mit inen wagen, vnd söltint in der von zürich hand niemer mer komen. Also wurden si wider der von zürich, vnd hatten es vil besser denn vor [164]).

51. Die von zürich entschlaogent die von lucern ainer red [165]).

It die von zürich hatten geredt von denen von lucern, si hettint inen hilff zuo gesait, vnd vber das hulffint si den von schwitz, vnd zugint vff die von zürich, vnd hettint nit gehalten, das si inen vor versprochen hettint. Also muot diss red die von lucern, vnd klagten es den aidtgenossen, dass inen die von zürich an ir er vnd aid redten, das si denen von zürich nit wöltin vertragen, vnd wolten also erst aber an die von zürich.

Also ward darunder geredt, dass die von zürich die von lucern vor gemainen aidtgenossen sölichs vnd anders, so si inen denn zuo geredt hatten, söltint entschuldigen vnd entschlahen [166]).

52. Die aidtgenossen hatten ir bottschafft bi denen von rapperswil.

Anno dni Mccccxlj [167]) do vff sant johanns abent des töffers [168]), hatten all aidtgenossen, von bern, von lucern etc. on die von schwitz vnd glaris,

---

163) 8. April. 164) bässer denn vor Hü. bösser? Tschudi II. 326. 327. 165) Rubrik von Tschudi's Hand. 166) vnd wolten — zürich blos bei Hü. Tschudi II. 327. 167) Tsch. und Hü. 1442; aber Tschudi korrigirte in seiner Handschrift 1441. 168) 23. Jun.

ir erber vnd treffenlich bottschaft bi denen von rapperswil, vnd baten
si vm der von glaris panner, so si vor ziten ze wesen gewonnen hatten,
dass die von rapperswil den von glaris die selben panner wider gebint;
des wölten die aidtgenossen gemainlich vmb die von rapperswil verdienen.
Die von glaris hatten och den aidtgenossen fürgeben, wie sie inen die
selben ir panner vnerlich abgewonnen hettint. Also antwurtent die von
rapperswil den aidtgenossen, si weltint die panner nit von inn geben, si
müestint in ir kilchen hangen, da si ir vordren hingehengkt hettint. Also
schieden die aidtgenossen vngeschaffet wider haim, vnd muot si vbel an
die von rapperswil, dass si die aidtgenossen nit geeret hatten, vnd main-
ten, es sölt inen nit ze statten komen. Darnach schikten die von rapper-
swil ir erber botten zuo denn von schwitz, zug, lucern, vnderwalden, vre,
vnd baten die, jegklich ort besonder, dass si mit den von glaris schueffint,
dass si die von rapperswil vnbekümbert liessint bis an ain recht, so wel-
tint si inen zuo er vnd recht ston, wo es billich wär, vnd ermanten also
die aidtgenossen, diewil vnd si doch dem hailgen rich zuo gehörtint, dess
si [169]) och wärint, vnd wess si die aidtgenossen ermanen konden. Aber es
halff als nüts, die aidtgenossen wolten inen kain antwurt geben, wiewol et-
lich ort den von glaris klainen glimpf gab [170]).

**53. Die von zürich warben vmb gnad an küng friderichen vad an die herrschaft
von österrich, vad schwaeren ain ewigen pund zuo österrich.**

It, also muot nun die von zürich die schmach, die schand vnd och
der schad, so inen die von schwitz vnd glaris vnd ander ir aidtgenossen
geton hatten, mit denen si doch ain ewigen geschwornen pund hatten, vnd
kunden also nit wol gedenken, wie si sölich schmach gerechen konden an
denen von schwitz, glaris vnd an den andren, die inen sölichs geton hat-
ten vnd teglich taten, wan die aidtgenossen gemainlich hatten die von zü-
rich vnhoch mit worten vnd och suss anders denn si vor von inen gehept
waren. Also vberschluogent die von zürich etwa mengs, wie si jm tätint,
dass si sich gerächint, vnd dass si hinfür sölicher sachen vberhept wurdint
von denen von schwitz vnd von den andren aidtgenossen, vnd wurdent ze
rat, dass si sölichs so inen denn geschechen was, niemer mer köndint noch
möchtint gerechen an den aidtgenossen denn mit hilff vnd rat der herr-
schaft von österrich, die och dozemal das römisch rich inn hatten.
Wiewol nun die von zürich bekannten [171]) vnd wissten, dass si schwarlich
an der selben herrschaft vnd an den iren vberfaren hatten, vnd groblich
wider si geton hatten, so woltent si dennocht lieber gnade an der herr-
schaft suochen vnd begeren denn dass si den puren also wöltint zuo wil-
len werden, vnd inen sölicher herrschaft vnd irs muotwillen also weltint
gunnen vnd ze lieb lassen werden. Si hatten och dik hören sagen vnd
ouch selb gesehen, dass die herrschaft von österrich von alter har je vnd

---

169) (die Eidg.). 170) Tschudi II. 327. 171) erkannten.

je so adenlich gnedig vnd güetig wär; was inen in krieg oder auss ze laid je beschäch, oder wie groblich man wider si je getät, wenn si gericht wurden, so hielten si och sölich richtung, vnd gedächten sin niemer mer zuo argem. Also suochten nun die von zürich rat vnd hilff zuo wem si getruwten, der inen guot oder nutz gen der herrschaft sin möcht, vnd besonder zuo etlichen herren, den si denn getruwten, vnd die och der herrschaft von österrich diener vnd haimlich warent, vnd baten die also ernstlich vnd getrüwlich sölichs an die selben herrschaft ze werben vnd ze suochen. Also ward och sölichs geworben von marggraf wilhelm von bochberg, herr ze rötteln, vnd der herrschaft von österrich landtvogt in elsas etc. von türing von hallwil vnd von andren, dass die von zürich ir bottschaft zuo dem küng sölltint schikken [172]a).

Anno dni Mcccexlij vmb die liechtmess schikten die von zürich ir treffenlichen bottschaft, iren burgermaister herr hainrich schwenden, ritter, iren stattschriber vnd ander von zürich mit ainer herrlichen kostlichen [172]b) schenki, die si dem küng wolten bringen; vnd do si kament gen salzburg, do zoch der küng haruff von österrich, vnd wolt haruss gen schwaben vnd an den rin, och gen ach vnd sich da lassen krönen, wan er dennocht die küngklichen kron nit empfangen hat. Also wolt er die von zürich ze salzburg nit hören, noch die schenki von inen empfachen, vnd beschied si also haruss gen ynsbrugg. Also zuo ynsbrugg hort der küng die von zürich, vnd empfieng ir schenki von inen; doch mit grosser fürdernuss vnd bitt brachtent si das zewegen, dass si also in kuntschaft [173]) des künges vnd ainer räten kament. Also begabent sich die von zürich vnd bekanten, dass si schwarlich wider sin küngkliche gnad vnd die herrschaft vnd das huss österrich geton hettint, vnd baten also sin küngklich wirdigkait vmb gnad, vnd wärint och darumb zuo sinen küngklichen gnaden gesandt vmb gnad, vnd begabent sich och, sölichen freuel vnd vberfaren, so si an jm vnd an den sinen geton hettint, gern abzelegen nach genaden, vnd sin vnd siner rät vnd ander herren erkanntnuss, vnd wider jn noch das huss österrich niemer mer ze tuon [174]).

54. Die von zürich schankten dem küng vnd dem huss österrich kyburg die grafschaft.

It. die von zürich schankten dem küng vnd der herrschafft von österrich die grafschaft ze kyburg, die si vor verpfendt hatten, vnd anders das si von der herrschaft hatten.

It. also darnach vff den nächsten sunnentag nach sant bartolomeus tag [175]) anno dni Mcccexlij, do kam der von zürich bottschaft von dem küng, herr hainrich schwend ritter vnd burgermaister, vnd ir stattschriber, die och diss sachen wurben. Es kam och mit inen des richs landtvogt zuo

---

172a) Tschudi II. 332. 333. 172 b) kostlichen f. Hü. 173) Bekanntschaft. 174) getuon Hü. Vrgl. Tschudi II. 333. 175) 26. Aug.

schwaben, herr jacob der truchsess von waltburg, vnd brachtent also mit inen die brieff vnd richtung, dass si genzlich mit dem küng vnd der herrschaft vnd dem hus von österrich geschlicht vnd sins waren vmb all vergangen krieg, stöss vnd ganz vmb alle vergangen sachen.

55. Die von zürich brachtent ain puntbrieff.

It. si brachtent och ain brieff, dass sich die von zürich stät vnd zuo ewigen ziten zuo der herrschaft vnd dem huss österrich gebunden vnd versint hatten; doch hatten si ir pünd vorbehept, die si mit den aidtgenossen geton hatten, als das denn beschaiden was.

56. Die von zürich besiglotent den puntbrieff mit der herrschaft von österrich.

Also darnach vff den nechsten zinstag, das was vff sant pelayen tag [176a]), do giengent die von zürich zesamen [176b]) alt vnd nüw rät, vnd die zwai hundert, vnd besiglotent da die brieff vnd den ewigen pund mit der herrschaft von österrich, vnd saiten och das offenlich, wan sin was mengklich ze zürich fro, wan bis vff die zit wisst man nit aigenlich was die von zürich bi dem küng wurben oder geworben hatten. Also gefiel diser pund vnd diss richtung vnd der gewerb, so die von zürich mit dem küng hatten, den aidtgenossen nit fast wol, vnd redtend och meng wild vnd wunderlich wort darzuo [177a]).

57. Der küng schikt zuo den aidtgenossen [177b]).

It. vnder disen dingen schikt der küng sin erber bottschaft, herr wilhelmen von grünenberg ritter, vnd türingen von hallwil zuo den aidtgenossen, ze erfordren die stett im ergöw vnd anders, so si sinem vetter, hertzog fridrichen von österrich vnd dem hus österrich abgebrochen vnd ingenomen hettint, vnd begert also ze wissen, ob si die selben stett, lüt vnd land zuo des richs handen ingenomen hettint oder zuo ir selbs handen; hettint si dem hailgen rich kriegt vnd zuo des richs handen stett, lüt vnd land ingenomen, so wär er zuo disen ziten der, dem es zuo gehört, wan er wär römischer küng, dem alle curfürsten vnd ander des hailgen richs fürsten, herren vnd stett gehuldt hettint, vnd jn hieltint als ain römschen küng. Hettint si aber von ir selbs wegen kriegt vnd zuo ir selbs handen sölich land, stett vnd lüt ingenomen vnd dem hus österrich abgebrochen, so hettint si doch in den selben zitten ain geschworn frid gemachet mit sinem vetter, hertzog fridrich von österrich vnd mit der herrschaft vnd dem hus österrich vnd mit allen iren stetten, lüten vnd land zwai vnd fünfzig jar, den si doch damit an der selben herrschaft vnd an den iren schwarlich vnd treffenlich gebrochen hettint. So möcht noch welt er doch nit lassen, er welt je sin veterlich erb han vnd si vmb sölichen

---

176a) 28. Aug. 176b) ze rat Tsch. 177a) so die von zürich — hatten f. Tsch. Vgl. Tschudi II. 343. Der Bund vom 17. Juni S. 335. 177b) Rubrik f. Hü.

frevel vnd muotwillen [178]) fürnemen vnd zuchtigen, als jm denn gepurt von küngklicher macht vnd römisches gewaltes wegen, vnd jm zuo gehorte. Vnd begert also ainer antwurt von den aidtgenossen.

58. Die aidtgenossen nament ain bedenken.

It. vff diss muotung konden die aidtgenossen dem küng nit wol geantwurten, vnd nament si also ain bedenken, vnd hatten also der stett vnd ander ir guoten fründen rat, vnd sprachent, es wäre nit ainer statt vnd aines lands ding, es wär ir aller sach, si wöltind ain ander besamlen vnd dem küng ain gantz volkomen antwurt geben.

It. vff den nechsten mentag nach vnser lieben frowen tag ze herpst [179]) hatten all aidtgenossen ain tag ze l u c e r n, wie si dem küng weltint antwurt geben, vnd warend darinn etwas bestanden, vnd suochten rat, zuo wem si getruweten.

It. also warent nun all aidtgenossen ze rat worden, dass si je die pünd hören weltint, so die von z ü r i c h mit dem hus österrich zuo ewigen ziten gemacht hettint. Die von zürich versprachent sich gegen den aidtgenossen, dass si da nüts geton hettint. denn das si mit eren vnd recht wol tuon möchtint, vnd den aidtgenossen vnd ir pünden on schaden. Da hatten aber die aidtgenossen bössen gelouben daran, vnd schikten also ir aller bottschaft gen zürich, on schwitz vnd glaris, die brieff vnd pünd zuo hören, vff zinstag in die felicis et regula [180]).

Also liessent die von zürich diss botten die pünd hören. Also hettint die botten der brieffen gern abgeschrifften gehept, aber die von zürich woltenz inen nüt geben, si liessent ju wol die brieff zwirent oder dristunt [181]) vorlesen. Also ritten der aidtgenossen botten vnd die von zürich mit inen [182]) gen b a d e n vnd zuo den andren stetten in dem e r g ö w, vnd baten vnd manten si dass si ir aid hielten, die si inen geschworn hettint, als si inen dess wol getruwten, so weltind si inen och helfen mit lib vnd guot, wo si dess bedörftin.

59. Der küng was in disen alten ze friburg, vnd fuor also daselbs rmb, vnd wissten die aidtgenossen nit, wess er muot heit.

Vnder disen dingen wurden die von z ü r i c h gegen den k ü n g gar schwarlich vnd fast versait, wiewol si sich gen jm verbrieft hatten, als vorstat, si wärint lüt, an die sich nit ze lassen wär, vnd die weder brieff noch aid hieltint, vnd hettint sölichs nit jm angetragen me denn inen aber enpfolhet wär, vnd es nit jederman lieb wär, vnd vmb anders wurden si hefflengklich verklagt. Also beschikt der küng die von zürich wider, vnd huob inen sölichs für. Do verantwurten sich die von zürich gen dem küng, dass sich das niemer finden sölt, si weltint ir lieb vnd guot ime gefangen geben, vnd was si mit sinen genaden geworben vnd geton hettint, das sölt sich och

---

178) vnrecht Hü. 179) 10. Sept. Tschudi II. 344. 345. 180) 11. Sept. 181) d. h. dri stund, dreimal. 182) 12. Sept.

also finden, vnd wöltint och dem also getrüwlich nachkomen vnd nach gan.
Vnd baten och also sin küngklich gnad, dass er si also entschuldiget hett,
als si gen jm versait waren, vnd baten jn och also gen zürich ze komen
vnd selb beschen, ob es gehalten wurd oder nit. Also sprach der küng,
er welt selb gen zürich komen vnd die sid von inen nemen, vnd herren
vnd ritter ze gegen haben [183]).

60. Küng fridrich von österrich kam gen zürich.

Anno dni Mccccxlij vff die nächsten mittwuchen nach des hailgen
crütz tag ze herpst [184]) kam küng fridrich von österrich der römisch
küng gen zürich mit herren, graffen, rittern vnd hnechten, dass man si
schatzt bi tusent pfert vnd xxxvj herwägen. Also enpfiengent jn die von
zürich mit grossen eren vnd so si jn wirdigklichost vnd erlichost empfachen
konden, mit aller priesterschaft, mit allen orden vnd hailtum, vnd so si
kostlichest konden, vnd was si zierlichs vnd hüpschs hatten.

61. Die von zürich schwuoren dem küng vnd dem huss von österrich.

It. darnach vff den nächsten sonnentag [185]) schwuorent die von zürich
dem küng als sinem römschen küng vnd dem hailgen rich gehorsam vnd
getrüw ze sind, vnd darnach schwuoren si dem küng als sinem herren
von österrich. Si schwuorent och sinem bruoder, hertzog albrechten,
sinem vetter hertzog sigmunden, vnd der selben herrschaft vnd dem
huss österrich ewengklich vnd den pund getrüwlich ze halten, den si mit
inen gemacht hatten, den man och da offenlich vor mengklichem vor-
las [186]) rr). Die von zürich behuobent och ir alten pünd vor, die si mit
den sidtgenossen hatten.

It. marggraf wilhelm von hochberg schwuor och da denen von
zürich widerumb als ain landtvogt der herrschaft von österrich, als er och
in den ziten was. Es schwuor och herr wilhelm von grünenberg mit
der veste ze rinfelden vnd mit der herrschaft in den pund [187]) ss).

---

183) Tschudi II. 345. 346. am 16. Sept. 184) 19. Sept. 185) 23. Sept. 186) Tschudi II. 346.
187) Nach Tschudi's Verbesserung und Hü., wo die Hdschr. hat: „schwuorent och do
die von zürich widerumb." Tschudi wieder: „und Thuring von Hallwil, all dri im
Namen und in die Personen des Künigs und Herzog Albrechts und H. Sigmunds."

rr) Also kam vnser her der küng gen zürch vnd was da by acht tagen.
Die von z. swuorend jm vnd gabend jm was si hettend von österrich vnd w.
Vnd ward zürch ergeben dem küng, das taten si den vou swytz vnd andren
aidgnossen ze nyd vnd ze hass, dann den von z. gross schmach geschehen was
da vor von den aidgnossen, dann si zugend für zürch vnd namend jn vil landes
jn, vnd zwungen die von z. was si wolten. Dacher p. 359.

ss) Darnach zoch er gen franckfurt vnd lech den fürsten vnd herren ir
lehen, vnd bestätgot den stetten ir fryhaiten; doch so wolt er den aydtgnossen
vnd den stetten, die zum hus Oe. hortent, vnd an das rich komen warent, ir

62. Die von rapperswil schwuerent sich dem huss österrich.

It. also darnach vff den nächsten mentag [188]) fuor der küng den
see vff gen rapperswil me denn mit drissig schiffen, mit siuen die-
nern, mit den von zürich vnd ab dem zürichsee. Also empfiengent
jn die von rapperswil so si erlichost vnd best konden, mit dem hail-
tum. Morndes vff zinstag [189]) muotet der küng den von rapperswil an,
dass si dem buss österrich wider schwuerint, dess si doch von alter har
wärint [190]). Das bekanten die von rapperswil, dass si das billich vnd gern
tätint; doch warent si vnwillig, mit den von zürich kain püntnuss ze ha-
ben, besunder diewil vnd die von zürich mit den aidtgenossen ain pund
hieltint, vnd der selb pund vor gon söllt. Vnd erzalten da dem küng ir
anligenden sachen, vnd dass inen dik vnd vil we vnd laid beschechen wär
von denen von zürich vnd von den aidgenossen, vnd satzten dennocht das
also hin zuo sinen gnaden, wan er ir natürlicher herr was, dass si gern
vnd billich ze willen ston weltint, was er sie hiess. Also schwuoren si
desselben tags dem huss österrich wider, vnd och den pund, da zegegen
was der küng selbs vnd vil herrschaft.

It. die von zürich redten och desselben mals mit denen von rapper-
swil, da der küng vnder ougen was, si weltint ir guoten getrüwen pund-
genossen vnd helffer sin, als ver ir lib vnd guot gelangen vnd geraichen
möcht; des gelichen getruwtent si inen och. Also fuor der küng wider
gen zürich.

63. Die von wintertur schwuoren.

It. aber vff den nächsten sampstag darnach, das was sant michels
tag [191]) brach der küng ze zürich vff vnd rait gen wintertur. Morndes,

188) 24. Sept. 189) 25. Sept. 190) Sie waren seit 1415 des Reiches gewesen. 191) 29. Sept.

fryhaiten nit bestätigen denn dem hus v. Oe. vnschädlich. — Vnd zoch er den
rin vf — gen zürich. Da ward er erlich enpfangen vnd schwuorent jm die von
Z. zum hus Oe. vnd zoch do gen raperschwil, vnd schwuorent die von Z. ouch
widerumb an das h. O. won si zuo dem rich gefryt warent, vnd zoch do also
widerumb gen Z. vnd belaib do etwen mengen tag, vnd machet ain puntnis vnd
verband raperschwil, Z. vnd winterthur zuo samen vnd ander siner stett, den
schwartzwald vnd alle sino land, vnd kam do gon wiutertur vff sant michels tag
Mccccxlij jar. Die schwuorent jm ouch zum hus gen Oe. vnd verbund si ouch
zuo den von Z. in iren punt, das si nit gern tautent vnd sich des wartent, denn
si nit wol an jnen sind vnd noch hüt by tag. Doch es geschach, das si sich
ab dem rich zugent, vnd ergabent sich wider an die herrschafft. Die von Z.
schanktent dem küng kyburg vnd die grafschafft; do schankt er widerumb juen
das selb zuo haben ze luterm aigen, vnd hoche vnd nidre gericht dorzuo, ouch
M M guldin vff der graffschafft grüeningen, won die jnen verpfent was von der
herrschaft. Cod. 630 p. 289—291.

vff den sunnentag [192]) schwuorent si dem huss österrich vnd der herrschaft wider vnd och dem pund, als die von rapperswil geton hatten.

64. Der küng rait gen kyburg.

It. vff den selben sunnentag rait der küng gen kyburg vnd besach die veste, vnd rait des selben tags wider gen wintertur. Vff mentag [193]) schied der küng von wintertur.

65. Der küng rait gen küngsfelden.

It. also wond nun mengklich, der küng welt gen costenz, wan er schikt sin wägen vnd ain tail sines volkes dahin. Also rait er [194]) gen baden, vnd was da vbernacht, vnd morndes [195]) gen küngsfelden, vnd hort da mess, vnd besach sines änis grab vnd das closter ze küngsfelden, das von sinen vordren gestifft vnd erlich begabet vnd geordnet was, vnd was also ze brugg vbernacht.

Also rait er [196]) durch das ergöw, vnd besach da arow, zofingen vnd andre schloss in dem ergöw. It. soloturn, von soloturn gen bern. Also tät man jm allenthalb vil eren jederman nach sinen stätten.

It. es nam mengklichen wunder, dass der küng also mit ainem klainen zug durch die aidtgenossen rait on gelait, vnd gehiess jm vil lüt vbel darzuo, was die aidtgenossen jm in den selben tagen vigent waren. Dess gelich beschaint er och gegen inen, wan er tät nit das inen gefiel oder eben was; er wolt inen kain frihait besteten, vnd vordret och das sin hefftengklich an si, vnd maint och das selb ze behalten.

Est mala stulticia per multa pericula terre
Omnia mobilia simul et semel adfora ferre [197]).

It. darnach rait er von bern gen friburg. Die enpfiengent jn mit sunder grossen eren vnd wirdigkait, dauon vil ze sagen wär, wan ir hertz stuond gen österrich, vnd warent fro dass si den tag gelept hatten, dass si ain römischen küng vnd ain herren von österrich in aigner person ze friburg entpfachen sölltin [198]).

66. Der küng rait in weltschland.

It. si bezalten alle kost als lang der küng ze friburg was, allen den die mit jm ritten, wie man die bracht, essen, trinken, fuoter, höw, schmid, schuomacher, schnider, sattler; wess man bedorfft, bezalt als die statt friburg. Si machten jm och etwa meng kurtzwil vnd schimpf, das ich lass beliben.

It. es kament aber der aidtgenossen botten gen friburg, vnd fielent dem küng ze fuoss, vnd begerten, dass er inen ir frihaiten bestete vnd vffrichti, als ander römsch küng vnd kaiser, sin vorfaren, geton hettint; so

---

192) 30. Sept. 193) 1. Oct. 194) 1. Oct. 195) 2. Oct. 196) 3. Oct. 197) Die Verse blos Hü. 198) Die ganze Reise fast wörtlich bei Tschudi II. 348.

weltint ai jm och gehorsam sin vnd tuon was si jm denn von recht pflichtig vnd schuldig wärint, von des richs wegen. Also wolt inen der küng kain frihait noch bestätung geben, er welt vor sin veterlich erb wider han, oder aber dass si vor für die fürsten zuo dem rechten (standint), da dann das billich wär. Also beschied er inen ain tag gen costenz vff den nächsten sant martis tag, darnach so welt er och etlich des hailgen richs fürsten bi jm haben.

It. also rait der küng vff dem selben ritt in der herren land von saffoy, gen lossen, gen jenff etc. Die selben hertzogen vnd och ir schwöster jn och mit grossen eren vnd wirdigkait entpfiengent vnd hielten, dauon vil ze sagen wär.

It. der hertzog von burgonien kam och zuo dem küng mit grosser herrschaft etc. gen bysantz in die statt, er vnd sin wib, vnd erzögten da dem küng vil grosser eren [199]).

67. Der küng kam gen basel.

Also kam nun der küng wider von weltschen landen, nit den weg, den er hin in gezogen was, denn er fuor gen mümpelgart vnd gen basel zuo. Also kond jn vor niemand vberreden, dass er ze basel in die statt wölt, vnd ritten jm doch die cardinäl, das concilium vnd die von basel kostlich engegen, vnd baten jn, dass er in die statt ritt; aber er wolt es nit tuon, denn do er von weltschen landen kam, do rait er gen basel in die statt, vnd belaib da etwa mangen tag, wiewol er nit fast wol an inen vnd an dem bapst [200]) was. Also enbott er nun den aidtgenossen, dass si zuo jm gen costenz kämint, als er ze friburg mit inn verlassen hat; das wolten die aidtgenossen nit tuon, er geb inn denn ain gelait sicher zuo jm vnd von jm, das er inen och also gab, wiewol das vngewonlich was [201]).

68. Der küng kam gen costens.

It. der küng zoch aber den rin vff gen costenz vmb sant katherinen tag [202]). Also schikten die aidtgenossen ain bottschaft gen costenz vff zinstag nach sant katherinen tag [203]), bern, lucern, zug, schwitz, glaris vnd vnderwalden [204]).

69. Der küng verhort die aidtgenossen ze costents.

It. vff den zinstag nach sant katherinen tag fuor der küng gen vberlingen, vnd nam da die gelüpt vnd aid in, vnd schwuorent jm als ainem römischen küng. Morndes [205]) fuor er wider gen costentz vff die pfallenz, da er och ze herberg was, vnd vff die selben mittwuchen verhort der

199) Filipp d. Gute, Karls des Kühnen Vater. Auch hier alles bei Tschudi. Vgl. Königsh. Cod. 630 p. 291. 200) dem Gegenpapste Felix. 201) Tschudi II. 349. 202) 25. Nov. über Diessenhofen, welches ebenfalls vom Reiche schwur. 203) 27. Nov. 204) Uri hatte seine Urkunde schon am 30. Sept. in Wintertur erhalten. Tschudi II. 347. 205) 28. Nov.

küng die aidtgenossen offenlich vff der pfallenz, da zegegen warent fürsten, herren, ritter vnd knecht, des ersten der römisch küng selb, der bischoff von ougspurg, der bischoff von prixen, der bischoff von gurck, der bischoff von kiemse, vnd bi inen vil doctores vnd gelerter.

It. marggraf jacob von baden, marggraf wilhelm von rötteln, der graf von schowenburg, hertzog ruodolf von der schlessi, grafen von montfort, von mütsch, von lupfen.

Also fielent die aidtgenossen für den küng, vnd redt ruodolf von erlach von bern von ir aller wegen, vnd baten sin küngklich gnad, dass er inen ir frihait besteten welt als ander sin vorfaren, küng vnd kaiser, geton hettint, das welltint si willenklich vmb sin gnad verdienen, wo si köndint. Also bedacht sich der küng mit sinen herren, ritter vnd knechten, vnd gab inen der bischoff von prixen die antwurt: guoten fründ, als ir vnsern aller gnedigosten herren gebetten hand vmb frihait etc. was er vch da pflichtig vnd schuldig ist von küngklicher macht vnd gewalts wegen, das wölt er gern tuon; aber ir hand dem huss von österrich sin lüt vnd land ingenomen in friden vnd in sätzen. Dass er vch darbi besteten welle oder kain frihait geben, das will er nit tuon, die dem huss österrich schädlich sig. Er getruwt vch och ir gebint jm sin veterlich erb wider. Wenn ir das tuond, was er vch dann pflichtig ist von küngkliches gewalts wegen, das wil er denn gern tuon, vnd dem vollenklich nach gan. Also bedachten sich aber die aidtgenossen, vnd antwurt aber der von erlach als vor: Als üwer küngklich gnad an vns begert hat, dess hand wir kain gewalt noch macht; wir sind hie als botten, vnd bittend vnd begerend als vor, vnser frihait von üwer küngklichen gnaden ze besteten, so wöltint wir denn üwer mainung an vnser guoten fründ bringen haim, vnd getruwent, wir wellent denn vwern küngklichen gnaden ain guot früntlich antwurt bringen.

Also antwurt aber der von prixen von des küngs wegen, dass inen der küng vts besteten oder kain frihait geben welt, das well er ganz nit tuon, si gebin jm denn sin veterlich erb wider. Was er inen denn pflichtig sig von küngklicher macht vnd römischs gewalts wegen, well er inen tuon; vnd vmb dess willen dass mengklich sech vnd hör, dass der küng nit anders denn rechtes beger, so schluog er den aidtgenossen dise recht für.

70. Der küng bott recht.

Des ersten vff des hailgen richs curfürsten vff den nächsten liechtmess gen nürenberg ze komen. Wär inen der tag ze lang oder die statt ze uer, bott er inen recht vff den pfallenz graflen bi rin, für den ain römischer küng komen sol, ob er stöss gewunn mit des richs fürsten oder andren des richs stetten. Wär inen aber kains eben, vmb des willen dass si vnd mengklich sechen, dass er inen die sach nit verziehen welt, so welt er sin komen vff des richs fürsten vnd herren, die jetzemal ze costenz wärint. Die aidtgenossen antwurten aber als vor, si wärint da als [106]) botten, si

---

106) Da selbs botten Hü.

köndint jm kain antwurt geben, si hettint sin och nit gowalt noch macht, kains rechten in zegan; denn hett er inen ir frihait bestät, so weltint si es hain an ir guoten fründ han bracht, vnd getruwtint, si weltint sinen gnaden ain antwurt bracht han, dess inn benügt hett. Also schieden si hinweg.

71. Die aidtgenossen schieden also von costents, dass inn der küng nüt bestäten welt.

Als nun die aidtgenossen dem küng geantwurt hatten, vnd nünts von jm gehaben noch an jm geschaffen mochten, vnd er inen gemain vnd geliche recht für schluog, der si kains ingan wolten, so schieden si aber vngeschaffet vnd vnrichtig wider hain, vnd schieden in solicher mass von ainandren, dass sich entwedrer tail vil guots oder fründtschaft zuo dem andren versehen kond. Es warent och der mertail der richstett, die den küng entsassen, vnd si duchte, er laite dem adel me zuo denn den stetten oder den puren [307], vnd warent also die stett nit all wol an dem küng; doch hatten si das haimlich. Da merck. Also wondent nun villicht die von costenz, der küng welte ze costenz beliben vnd ligen, biss er sin sachen uss getrüeg, vnd hatten also ain vngewonlichen zins an inn, als des küngs rät ducht, vff bett, vff stallmiet, vff die frömbden geschlagen, vnd besunder wer ze hoff äss,¹ vnd fuoter vnd höw ze hoff näm. Diss kam also für den küng, er schikt nach denen von costenz vnd hatt inen sölichs für, vnd was ir mainung dar inn wär. Die von costenz verantwurten sich gen dem küng, si bettind es vor bi küng sigmunds ziten och also gehalten, der es och gnedigklich vnd wol von inen vergunt hett, vnd er doch dick vnd vil bi inen gewesen wär, dass die lüt dester bass beliben möchtint vff sölich mainung. It. des küngs antwurt: Ob ir es vor dik vnd vil vnd allweg geton hettint bi küng sigmunds ziten, ist es nit dester besser, so han ich es nit dester gerner, er mocht es gern von vch haben oder nit. Er versatzt üch sine pfand, ainem ward, dem andern ward nüt; ich han noch kain pfand gelassen, da der kost grosser was denn hie; ich wil üch och bar bezalen, es sol niemand an mir verlieren, so beger ich och kainer borg von vch etc. Damit erzoigt er inen, dass er den vffsatz vnd den allenfanz nit wol verguot hatt. Er sumpt sich och darnach nit lang ze costenz tt).

---

307) den iren Tsch.

tt) Also kam er vff zinstag vor sant kathurinen tag zwüschen dryen vnd vieren gen costentz, vnd mit jm sübenhundert pfärd. It. es was also geordnet das man acht man von dem rat darzuo ordnet: vier von den geschlüchten vnd vier von der gemaind, die jn emphauhen solten, vnd wer ze rittend hett, der rait mit jn hin vss. — Also lut man all glocken vnd gieng all priesterschafft, alle örden vnd schuolen, min her von costents mit dem hailtum jm engen biss zuo rinporter tor. — Vnd fuort man jn vnder ainer hymeltzen in das münster. — Darnach zoch er vff die pfallatz, da lag er zuo herberg. Item man hett die

It. vff mittwuchen nach sant katherinen tag [208]) fuor der küng von costenz den see vff gen **arbon**, vnd rait gen **sant gallen**, vnd nam von inen ir gelüpt vnd aid dem hailgen rich. Si empfiengent jn mit grossen eren vnd brachten jm der statt schlüssel engegen zuo allen toren, vnd gabent jm die, vnd liessent ir tor offen ston tag vnd nacht, als lang der küng da was. Si täten jm och ain erlich schenki.

It. der küng zoch gen **veldkilch** vnd vbern **arlenberg** [209]) in, wan er ernstlich in dem land ze schaffeu hat, vnd empfalch sin land vnd die sachen sinen räten vnd dienern, vnd besunder marggraff wilhelm von hochberg.

It. vff sonnentag vor wienacht [210]) schwuorent die vss **kyburger ampt** der herrschaft von österrich wider. der si von alter har gewesen sind. Diss beschach ze töss, vnd warent burgermaister vnd rät von zürich da zegegen, vnd erliessent si der aiden, so si inen geton hatten. Also nam der marggraff die aid vnd och die veste in zuo der herrschaft von österrich handen vnd gewalt [211]).

72. Die aidtgenossen redten denen von zürich vbel zuo von des punds wegen mit österrich.

It. in disen dingen warent die **aidtgenossen** fast vngedultig mit den von **zürich**, dass si also ain ewigen pund mit der herrschaft von österrich gemacht hatten, vnd muot si dass die von zürich so wol ains mit dem küng warent, vnd dass sich die von zürich so fast an die edlen hangkten, vnd gieng als vil red vnder den aidtgenossen uss, dass si denen von zürich grob vnd vbel zuo redten, wie si brüchig an inen worden wärint, vnd mangs, das ich also lass beliben.

Doch so hatten si das aigenlich vor inen ain ganz gemaind, si müestint dem küng vnd der herrschaft ir brieff hinuss geben, vnd ir pünd ganz vnd gar absagen, vnd mit der herrschaft luter nüts ze schaffen han, oder si welten die von zürich vnd die iren wüesten vnd zwingen, dass si von sölichem lassen müestin.

---

208) Tschudi korrigirt „barbara" vnd notirt am Rande statt 28. Nov. den 5. Dez. Vgl. Chron. II. 350. 351. 209) alrenberg Hü. 210) 23. Dez. 211) Tschudi II. 353.

herbergen beschriben vnd bestelt, wo jederman zuo herberg solt ligen, vnd bott man bettstat vnd pfürid. — It. ain bett zuo der nacht vm ain behemer, stalmiet für höw vnd stro ain behemer. It. wer nit höw vnd stro gab, dry pfenning. Das beduecht die gest zuo vil vnd ward en tail abegeton, vnd kam vnwill in den küng. It. jm ward von der statt geschenkt ijc guldin vnd ain schöner becher, kostet ijcxxx guldin. — Die chorherren schanktend jm xx malter haber vnd zwai fuoder win. — Am dornstag nachdem als er kam, hat man jm ainen tantz in der katzen, do kam er hin vnd tet sechs täntz vnd was gar frölich. — It. er muost all tag zuo costentz in sinem hof haben zwai tusend brot. — It. er zoch in vnwillen von costentz, dann in beducht, das man die sinen zuo hart hielt mit stalmiet vnd betten. Dacher p. 359—361.

Also ritten die aidtgenossen all wuchen ze tagen vnd laisten also mengen tag. Je ze letst hatten si tag ze l u c e r n gelaist, vnd ritten also von dem selben tag gen z ü r i c h, die von lucern, von zug, von vre vnd von vnderwalden, vnd muotetent also denen von zürich an, dass si den pund absaitint, vnd luter vnd ganz darvon stüendint, den si mit der herrschaft vnd dem huss österrich gemachet hatten vnd ewengklich geschworn. Diss muotung ducht nun die von zürich fast vnbillich an die aidtgenossen vnd vil ze grob, vnd mainten, si hettint nüts geton denn das si mit recht vnd eren wol tuon möchtint, vnd weltint och den selben pund mit der herrschaft von österrich trüwlich halten vnd dem nachgan. Diser antwurt benüegt die aidtgenossen nit fast wol, vnd hettint also gern ain ganz gemaind gehept. Also ward inen geraten, dass si vmb kain sach diss muotung vor ainer gemaind zürich tätin, denn wurd ain gemaind innen, dass si sölich sachen an die von zürich wurbint, die inen ir er, lib vnd guot berüerti, so möcht si ze zürich niemand geschirmen, vnd ward inen sovil gesait, dass si also wider haim ritten. Diss beschach nach sant hilarien tag [212]) anno dni Mccccxliij [213]).

73. Der küng empfalch sine schloss.

It. küng fridrich von österrich empfalch also sine schloss ze versorgen vnd zuo besetzen, als er von dem land schied. Also kament gen r a p p e r s w i l lxxxj schützen vff sant anthonien aubent anno dni Mccccxliij, vnd warent die vss der truchsässen land von waltpurg.

It. die truchsässen schluogent diss sold vff die statt, die si vor von der herrschaft verpfendt hatten, vnd e ob der krieg angieng, nament die truchsässen ir knecht wider haim, do es aller nötist tät [214]).

It. also gab och der küng denen von zürich ainen h o p t m a n in sinem kosten, den er besoldt, t ü r i n g e n von h a l l w i l, dass si och an den küng begerten vnd geworben hatten. Dess gelich gab er denen von r a p p e r s w i l ain hoptman och in sinem kosten, l u d w i g e n m a y e r.

74. Die von zürich schwoerent irem hoptman.

Item vff den aubent sant pauls bekerung [215]) giengent die von z ü r i c h in das münster, jung vnd alt, vnd schwuorent da irem hoptman türingen von hallwil, vnd warent och da ganz ainhellig, vnd ward das mer, dass si sich zaichnen söltint mit ainem r o t t e n c r ü t z, als si vor allweg das wiss crütz getragen hatten. Dis was an vil lüten gar ain frembde sach [216]).

75. Die von rapperswil schwoerent irem hoptman.

It. vff sonnentag darnach schwuorent die von r a p p e r s w i l och irem hoptman ludwigen mayer, gemainlich jung vnd alt [217]).

---

212) 15. Jan. 213) Tschudi II. 354. 355. 214) aller maist not was Hü. 215) 24. Jan. 216) Tschudi II. 355. 217) Tschudi cit.

76. Die aidtgenossen baten die von zürich, dass si die pünd mit der herrschafft von österrich abschlüegint.

Aber in den selben tagen kament die von bern gen zürich, vnd mit inen die von soloturn, vnd redten aber mit denen von zürich, ob si die pünd mit inen vnd den aidtgenossen halten weltint, oder was si sich zuo inen söltint versehen; denn die von zürich hettint jetz hoptlüt vnd soldner, das si doch vnbillich hettint, denn si wisstint nit, dass inen jemand begertint laid oder kain vngemach ze tuon; denn den pund, den si vnd die aidgenossen mit denen von zürich hettint, den wöltint si och getrülich an inen halten; si getruwtint denen von zürich, si hieltint och dess gelich an inen, vnd bekannten die von bern, dass die von zürich den pund mit eren geton hettint vnd wol tuon möchtint, den si mit der herrschaft von österrich gemacht hatten. Si begerten och also an die von Zürich, dass si den frömbden, so si in ir statt hatten, vrlob gebint vnd die von inen schicktent.

77. Die von zürich antwurten den aidtgenossen.

It. die von zürich antwurten inen, dass si den pund getrülich vnd wol an inen halten wöltint, vnd was si inen pflichtig wärint; aber dass si jemandt vrlob geben kündint, das köndint si nit tuon, wan es nit ir ding wär. Der küng hett inen ain hoptman gen, dem geb er sold, si gebint jm nüt, dem hettint si och nit vrlob ze geben. Si hettint och etlich vff ain zil bestellt, denen köndint si och vor dem selben zit nit vrlob geben. Aber was si inen sunst ze willen köndint geton, wöltint si willig sin.

It. si redten dess gelich mit dem marggraffen, dass er die soldner ze rapperswil dannen schickte, denn si wisstint nüts denn guots mit der herrschaft von österrich ze schaffen han; darzuo hettint si och ain guoten frid mit der herrschaft, den weltint si och getrülich halten. Si getruwtint wol die herrschaft hielt den frid mit inen och, vnd begertent also fast, dass er die soldner von rapperswil tät, denn die von schwitz dess zuo kosten kämint, wan si die iren och dester fürer behuoten vnd bewaren müestint.

Der marggraf antwurt inen mit lützel wort, sin herr der küng hett soldner in sin schloss rapperswil gelait, dass er das wölt besorgen vnd behüeten; dess kosten solt si nit beduren, sin herr hett es wol vssazetragen. Wann jm sin herr empfelche, dass er sie hiess dannen gon, so wölt er es gern tuon, denn der küng hett si gen rapperswil gelait, der möcht si och wol haissen dannen gon, so es jm eben wär; denn er hetti sin kainen gewalt, dass er si dannen schickti.

Also gieng in disen ziten etwan mangs für, das nit allhie geschriben stat, denn die aidtgenossen[218] laisten mengen tag, jetz hie dann dört, vnd truogent an was si kondent, dass si selten müessig giengent. Wie vil si nun tagen laistent, so beruofftent si doch die von zürich selten dar-

---

218) Die sechs Orte.

zuo, wiewol si ainander vil guoter wort gabent, si wöltint die pünd getrü-
lich halten vnd getrüw aidtgenossen sin, so getruwet doch entwedrer tail
dem andern nüts guots, das bewisstent si mit mengen dingen[319]).

Nun hatt der küng vnd die sinen angetragen, ee ob er von dem land
schied[320]), mit denen von appenzell, dass si also ir pündtnuss, so si mit
den aidtgenossen hatten, absaitin, vnd maint och das also mit recht für
zuo nemen vnd ze tuond. Des selben giengent och die von appenzell in,
vnd mainten, si köndint suss mit eren die pünd den aidtgenossen nit ab-
gesagen. Also gab inen der küng ain richter, den bischoff von ougspurg.

It. also hatten die von appenzell nit fast ain guoten pund mit den
aidtgenossen, der inen komlich oder nutzlich wär; denn wenn die aidt-
genossen si manten, so muostend si inen helfen in irem kosten, wenn aber
die von appenzell die aidtgenossen mantent, muostent die selben von ap-
penzell den aidtgenossen grossen sold geben, jegklichem vier alt plapp-
hart all tag, vnd hulffen inen och vnder fünfhundert nit, ob si joch minder
bedurffen hettint.

**78. Der küng hett gern angetragen, dass die von appenzell ir pündtnuss absaitint
den aidtgenossen.**

Also ward nun etwa menge in disen tagen angetragen mit den von
appenzell, dass des küngs rät vnd diener si gern von den aidtgenossen
gezogen hettint, vnd hettint si gern in den pund gehept, da die von zü-
rich, wintertur, rapperswil, kyburg vnd ander stett inn warent. Da main-
ten aber die von appenzell, dass si das mit eren vnd glimpf nit getuon
köndint, denn wenn sich das mit recht erfund vnd mit recht davon gezo-
gen vnd gewisst wurdint, so weltint si gern gehorsam sin, als vorstat.
Also giengent och die aidtgenossen nit müssig mit den selben von appen-
zell, vnd truogen in si was si konden, vnd gabent inen och für, wie si das
best kondent[321]), dass si ab inen nit brechint, noch von inen wichint, als
si inen dess wol getruwtin, so weltind si och ir lib vnd guot mit inen dar
legen, vnd manten si och fast ir aiden, so si den aidtgenossen geton hat-
ten, vnd manten vnd muoteten also den von appenzell fast an, dass si inen
hilfflich wärint. Also antwurten die von appenzell, si weltint ir pund vnd
aid getrülich halten, vnd dem och also nachgon was si geschworn hettint;
ob aber si den aidtgenossen jetz zumal hilfflich sin wöltint, das köndint
si nit getuon, wan die aidtgenossen wärint nit aine. Si hettint denen von
zürich als vil geschworn als andren aidtgenossen, die wärint nun zemal
stössig mit denen von schwitz vnd glaris vnd den andren; wenn die ains
wurdint vnd sie dieselben appenzeller aber gemainlich manten, so weltint
si tuon was ir pünd wisstint oder saitint; aber all diewil si nit aine wärint,
so weltint si kaim tail wider den andren helffen, si weltint still sitzen[322]).

319) Tschudi II. 355—357. 320) im Dez. 1442. 321) Jan. 1443 Tschudi am Rande.
322) Tschudi II. 353. 354. um 15. Jan.

Diser antwurt benüegt die aidtgenossen nit wol, vnd mainten, si weltind die appenzeller darhinder bringen, dass si inen hulffint, vnd hattend also etwa dik ir bottschaft bi denen von appenzell. Also je ze letst kamen die von vnderwalden, von zug, von lucern, von glaris vnd von schwitz gen appenzell in der wuchen vor pfaffen fassnacht [223]) anno dni Mccccxliij, vnd redten aber mit denen von appenzell, ob si die pünd an inen halten wöltint, die si den aidtgenossen geton hettint, vnd inen hilfflich sin, als si inen dess wol getruwten, wan si jetz etwas widersatz hettint mit dem küng, der ain herr von österrich wär, dass si nit wol wisstint, wie si mit jm wärint, vnd erzalten also fast ir glimpf vnd ander lüt vnglimpf, vnd ermanten also die von appenzell tief vnd fast, vnd gabent inen vil guoter wort. Si hatten och ain andren pund gestellt mit denen von appenzell, dass si si haben wöltind für aidtgenossen, dass si ain ort für sich selber söltint sin, vnd dass inen die aidtgenossen als vil söltint gebunden sin als die appenzeller den aidtgenossen [224]), das alles vor nit was. Disen brieff vnd pund liessent die aidtgenossen offenlich da uor mengklichem ze appenzell lesen, vnd mainten si da mit darhinder bringen, dass si inen hilfflich wärint vnd inen zuo saitin, wan die aidtgenossen mainten, die von appenzell söltint sölichs fast fro vnd willig sin.

79. Der appenzeller antwart.

Da antwurten die von appenzell den aidtgenossen, was si inen geschworn hettint, dem weltint si och getrülich nachkomen vnd das halten, wenn si ains wärint, denn si hettint den von zürich als vil geschworn als andren aidtgenossen. Dass si vber die gezühen köndint, da verstüendint si nit dass si das mit kainen eren getuon köndint [225]), vnd wöltint also zuo disen ziten still sitzen. Si wöltint och jetzmal kain·pund machen noch schweren, si wöltint bi den pünden beliben, so si mit den aidtgenossen hettind, vnd och die selben halten.

Diss antwurt verdross die aidtgenossen fast an die von appenzell, wan si wonden, si söltint des punds fast fro vnd willig sin. Also stuond der amman von schwitz offenlich vnd redt da mit hochen worten vnd tröwlich zuo denen von appenzell [226]), der inen doch vor vil heler [227]) wort geben hat: „er vnd ander aidtgenossen sechint wol irn guoten willen; weltint si nit anders, man müest si [228]), villicht mit ainer stechlin stangen wyssen", — vnd andre wort dess gelich. Er redt och offenlich vnd ermant si bi ir aiden, so si den aidtgenossen geton hettint, dass si von dem küng nüt hieltint, er wär nüt ain rechter küng, er wär ain hertzog von österrich, vnd och me wort dess gelich.

It. also sumpten sich die von zürich nit; wan si wissten, dass die

---

223) 1. März 1443. 224) Diese Stelle hat Tschudi gestrichen und, wie im Chron. II. 358. modifizirt. 225) da verstüendint — getuon köndint f. Hü. 226) mit denen von a. vil tröwlicher vnd hocher wort Hü. 227) glatter. 228) sich Hü.

aidtgenossen ze appenzell warent, so schikten si och ir bottschaft da hin, wiewol si die aidtgenossen nit dar zuo beruofften, vnd erzalten inen och ir glimpf vnd das si denn guot ducht.

It. aber nach der alten fassnacht [279]) hatten aber all aidtgenossen ain tag ze bern. Zuo dem selben tag beruoften si och die von zürich, das si doch vor etwa dik nit geton hatten, denn si laisten in den selben tagen etwa mengen tag, dass si die von zürich nüt zuo beruofften, denn dass die von zürich dik vngemant vnd vngefordret ze tagen kament.

Also schikten die von zürich ir bottschaft zuo dem selben tag gen bern. Also do man nun tag laist vnd tag hatt vnd rät vnd da die ersten frag vmb gieng, hiessent die aidtgenossen die von zürich vsstreten. Also giengent die von zürich vss ir herberg, vnd wartoten, wann man si wider in den rat beschikte. Also laisten die aidtgenossen ir tag, dass si der von zürich rat nie hatten, noch si in ir rat beruofften. Also do der tag zergieng vnd jederman haim rait, do ritten die von zürich och wider haim [280]).

Nun hatt der küng mer denn ainest geschriben denen von wesen in dem gastren, vnd den andren, die zuo windegg gehortent, in dem xliij jar, dass si sich kainer sachen söltint annemen, ob er stöss gewunn mit den aidtgenossen, vnd mant si da mit ir aiden vnd eren, vnd dass si die sinen wärint, die von alter har dem huss österrich zuo gehorten. Doch da ward vff mittwuchen vor mitterfasten [281]), da hatten si ain ganze gemaind, was zuo windegg gehort, ze schennis, vnd hatten die von glaris vnd schwitz och ir bottschaft da, vnd baten vnd manten si, ob si inen hilfflich woltint sin, ob es ze schulden käm. Da antwurten si inen, si getruwten inen wol, si liessint si da beliben, als si inen och versetzt vnd verpfendt wärint von der herrschaft von österrich, dass si wider die nit tuon söltint. Si weltint inen gern ir land helffen beheben vnd da helffen lib vnd guot retten, vnd getruwtint inen wol, si liessint si da beliben, vnd si inn das verhaissen vnd versprochen hettint [282]).

60. Vff den nechsten mentag nach mitterfasten [283]) laisten die aidtgenossen tag ze baden mit marggraf wilhelm von rötteln, von hochberg, der in den alten der herrschaft landtvogt vnd statthalter was ze schwaben vnd im elsas.

Anno dni Mccccxliij vff mentag nach mitterfasten hatten die aidtgenossen ain tag gen baden zuo samen genomen, vnd kament och alle ort der aidtgenossen zuo dem selben tag, on die von schwitz. Also beruofften si och zuo dem selben tag die von zürich. Si schriben och dem marggraffen vnd begerten an jn, dass er zuo inen gen baden käm, wan si hetten etwas mit jm ze reden. Also kam der marggraff vnd och die von zürich, och der von rapperswil vnd von wintertur bottschaft. Vnd vff dem selben tag vssretten [284]) die aidtgenossen die von zürich fast, dass si

---

[279]) 16. März. [280]) Tschudi II. 358. 359. [281]) 27. März. [282]) Tschudi II. 359. [283]) 1. Apr. [284]) üsserten, vernachlässigten.

die von zürich nit an ir rät nement. Also redten nun die aidtgenossen
mit dem marggraffen vff dem selben tag vm etwa mangs stuck. Des ersten
redten die von b e r n mit jm, als er der von bern, soloturn vnd lucern ²³⁵)
botten, als von gemainer aidtgenossen wegen, zuo gesait hett, den frid, so
die herrschaft von österrich mit den aidtgenossen gemacht hett, vnd si mit
jm zwai vnd fünfzig jar²³⁶), die selben jar vss ze halten. Darüber hette
h a n s v o n r e c h b e r g ainen der iren gefangen, namlich ruodolf sumber
von arow, vnd wär das beschechen vss der herrschaft von österrich schloss
seckingen, vnd hatt in och durch der herrschaft stett louffenberg vnd
waltshuot gefüert. Sich klegten och vff den selben tag die von l u c e r n,
wie dass der selb hans von rechberg och zwen der iren gefangen hett, vnd
in der statt wintertur das getan hett, vnd begerten och die selben gefang-
nen also ledig ze lassen. Also antwurt inn der marggraff, dess jm sölichs
laid wär, vnd wär och ganz on sin vnd der vorgenannten stett wissen vnd
willen beschechen, vnd bott inn darum sölich gelich recht, vnd entschul-
diget sich selb vnd die stett darin, dass die von bern vnd von lucern do
zemal ain guot benüegen hatten ²³⁷).

It. also klagten sich aber die aidtgenossen von der von s c h w i t z we-
gen vff die von r a p p e r s w i l etwa menig thorachtes stuck, von ains ang-
kenknollen ²³⁸) wegen, vnd suss von schlechter ²³⁹) sachen wegen, dess sich
die von rapperswil verantwurten, vnd bott aber der marggraff fürer darumb
recht, von der herrschaft vnd von rapperswil wegen, ob jemand mainte,
dass si in den sachen jemant vberfaren hatten, oder vngelichs fürgenomen,
vff die dry schulthaissen von bern, von soloturn vnd von lucern, also da
recht vm recht zuo geben vnd zuo nemen.

Also begerten die aidtgenossen aber vff dem selben tag ze baden an
den marggraffen ainer lütrung ²⁴⁰) vnd vollen antwurt, ob die herrschaft von
österrich den vorgemelten frid die jarzal vss, als er gemachet vnd besigelt
wär, halten wölt, so weltint si den och getrülich halten. Also antwurt inen
aber der marggraf, die herrschaft von österrich hett den selben frid je vnd
je getrülich vnd vffrechtenklich gehalten, dess glichen si noch hüt bi tag
tät vnd gern tuon welt, vnd sait inen also do ganz vnd luter zuo, den frid
zuo halten.

Nach dem begerten aber die aidtgenossen an den marggraffen, die
herrschaft von österrich hett ain pund gemachet mit den von z ü r i c h, die
ir aidtgenossen wärint, die selben püntnuss aber wider si wär, vnd baten
also den marggraffen, dass er die von zürich der selben aiden als von der
püntnuss wegen ledig liesse ²⁴¹). Also gab der marggraff die antwurt ²⁴²):

---

²³⁵) Tschudi hat „vnd lucern“ gestrichen. ²³⁶) Tschudi strich in der Hdschr. überall
das Wort „zwai“. Der Friede von 1412 war auf 50 J. ²³⁷) Tschudi II. 359. Von den
Worten „Also ritten die aidtgn. all wuchen“ bis hieher ist die Reihenfolge, welche die
Hdschr. offenbar unter einander hat, nach Tschudi's Randnachweisungen und seinem
Chron. II. 354—359. Hü. hat es ebenfalls richtiger. ²³⁸) Butterballen. ²³⁹) torechter
Hü. ²⁴⁰) lutren Hü. ²⁴¹) erliesse Tsch. ²⁴²) Dazuo antwurt der marggraff Hü.

Vnser aller gnedigester herr, der küng, hat semlich püntnuss selb gemachet mit denen von zürich, vnd die aid och selb personlich von inen ingenomen; darumb jm nit geburti, och nit gewalt hett, semlich aid abzelassen. Doch welt er ir mainung lassen bringen an den küng, so er fürderlichest möcht; was denn ein gnad daruub tät, wär jm lieb.

Also begerten aber die aidtgenossen an die von zürich, ob si die pünd, die si mit den aidtgenossen hettint, halten weltint oder nit. Die von zürich antwurten den aidtgenossen, si hettint die pünd vorbehept in dem pund, den si gemacht hettint mit vnserem aller gnedigosten herren, dem römschen küng vnd dem huss österrich, vnd hettint och die allwegen getrüllich gehalten, vnd weltint si fürohin aber halten.

Also schied man güetlich von dem tag, dass niemant anderst wisst, denn dass die sachen söltint in allem guoten beston. Wan aber die von schwitz bi dem selben tag nit gewesen warent, da ward ain bottschaft zuo inen geordnet, vm zuo besuochen, ob si och bi sölichem beliben weltint. Vnd was die botten wurben, ward zuo allen tailen funden vnd zuo gsait.

It. die botten warent: von costenz volrich schilter, von sant gallen cuonrat hör, von basel herr herman offenburg²⁴³).

81. Die aidtgenossen kament zusamen zuo den ainsidlen.

Anno dni Mccccxliij vff den mayen tag kament aller aidtgenossen botten zuo den ainsidlen, vnd wolten da tag laisten, vnd manten och also die von zürich da hin ze tagen. Also morndes an dem dornstag²⁴⁴) redten die aidtgenossen mit denen von zürich, ob si die pünd mit inen halten weltint oder nit, darumb wöltint si och ain ganz wissen haben. Die von zürich antwurten ja, dass si dieselben pünd gern vnd trüwlich halten weltint, vnd dieselben pünd vor vss behept hettint, vnd getruwten, dass si da nüts getan hettint²⁴⁵), denn das si mit eren vnd recht wol tuon möchtint. Also was nun je der aidtgenossen mainung, dass si von denen von zürich weltint wissen, ob si aller zuospruch, so die aidtgenossen zuo denen von zürich hettint, ganz vff si zuo dem rechten komen wöltint, wan es was je der aidtgenossen mainung nit, dass die von zürich kain pund mit der herrschaft von österrich hettint, wan ir pund von erst²⁴⁶) angetragen vnd gemacht wäre wider die selben herrschaft von österrich, vnd wöltint also die von zürich des rechten ingan vnd vff die aidtgenossen komen, so wöltint inen die aidtgenossen mit glimpf von dem selben pund helffen, den si zuo der herrschaft von österrich ewengklich geschworn hatten. Also antwurten die von zürich, si köndint nit bekennen, dass si das mit kainen eren oder recht getuon köndint; si wölten es aber gern haim an die iren bringen, vnd si darumb lassen wissen.

Also schieden die von zürich von dem selben tag zuo den ainsidlen²⁴⁷).

---

²⁴³) Tschudi II. 359. 360. ²⁴⁴) 2. Mai. ²⁴⁵) vnd getruwten, dass si da — hettint f. Hü. ²⁴⁶) von 1306, vorne. ²⁴⁷) Vgl. Tschudi II. 362. 363. etwas ausführlicher.

It. nun füegte es sich in den ziten, dass die lüte bi dem zürichsee nit als gehorsam warent denen von zürich, vnd ir gebotte vnd ordnung hieltint, als si aber vor dik geton hattent, wan die von zürich vnd von dem se hattent ain letzi geschlagen ob horgen bi der sil gen denen von zug vnd den andren sidtgenossen. Da laiten sich die von dem zürichsee hin, von horgen, kilchberg, tallwil, meilen, erlibach, zollikon vnd ander, on der von zürich haissen vnd wissen, vnd mainten och da ze liggen vnd dannen nit ze wichen, ee ob es ain ganz frid oder vnfrid wär, vnd wolten sich also nit mer an die von zürich keren, als si vor geton hatten, dass si mit inen in die statt wichen wöltint; si wöltint je da sterben oder genesen. Also tatent die von zürich ir bottschaft dahin zuo inen, das si haim zügint vnd ir gemach hettint; si weltint si vnd sich selb nit verwarlossen. Das wolten die von dem see nit tuon. Die von zürich schikten herr ruodolf stüssin, iren burgermaister, aber zuo inen, der gebott vnd hiess si abziehen. Dem wolten si aber nit volgen. Also schied der burgermaister in vnfrüntschaft von inen, wan si wolten da liggen, es gefiel denen von zürich wol oder vbel, vnd irs rates nit folgen. Diss was och ganz wider den von hallwil, der der von zürich hoptman was.

Also lagent die von zug och an ir letzen, die si wider die von zürich gemacht hatten[244]).

82. Die von zürich vnd bremgarten ernüwroten ir burgrecht.

In disen dingen gabent nun die von bremgarten vnd von baden der herrschaft landtvogt vnd denen von zürich vil guoter wort vnd mainten je ganz, si wöltint nit wider die herrschaft noch wider die von zürich sin, also dass der marggraff, och die edlen vnd die von zürich fast ain guot getruwen zuo den selben stetten hatten.

Anno dni Mcccxliij, dominica cantate, das was vff ain sunnentag, vnd was der nündzechnost tag in dem mayen, kament die von bremgarten gen zürich, vnd ward da ir burgkrecht, das die von zürich vnd die von bremgarten mit ainandern ewigklich hatten, ze recht ernüwrot vnd geschworn als vor von baiden tailen, vnd gelopt getrülich ze halten.

It. die von bremgarten schwuorent och dasselb burgrecht mit den von zürich ewengklich ze halten, ze bremgarten in der statt, ain ganz gemaind, rich vnd arm.

63. Anno domini Mcccxliij in dem maien widersaiten die von schwitz der herrschaft vnd denen von zürich.

It. also darnach vff den nüchsten mentag in der nacht, das was der zwainzigost tag in dem maien des vorgenanten jares, widersaitten die von schwitz vnd ir helffer dem huss vnd der herrschaft von österrich vnd

---

244) Tschudi II. 364. 367.

denen von zürich vnd allen iren helffern, vnd schikten also ir brieff gen
zürich vnd nit fürbass, an dem mentag ²⁵⁰ a) in der nacht²⁴⁹).

It. es kament vff disen mentag²⁵⁰b) die von kyburg mit ir panner,
vff vierhundert man, vnd die von wintertur mit ir venli, hundert vnd
zwainzig man, wol bezügter, gen rapperswil, als si der landtvogt be-
schaiden hat.

84. Die von schwitz branten denen von rapperswil ain tail an ir brugg ab.

Darnach an dem zinstag ²⁵¹), an dem morgen, brannten die von schwitz
denen von rapperswil ain tail an ir brugg ab gen hurden. Da wissten
die von rapperswil dennocht nit, dass die von schwitz oder jemant dem
andren abgesait hatt. Diss beschach also gen tag in der nacht, vnd vff
denselben zinstag vor ymmis brannten die von rapperswil die hüsser ze
hurden, vnd schuoff das fast, dass die muotwiller ze hurden lagent,
vnd etwa dik vff die brugg luffen, vnd da also iren muotwillen getriben
hatten.

85. Die von rapperswil verluren se fryenbach.

Also warent nun die von grüeningen etwa mengen tag ze rüti gele-
gen, vnd hatten daselbs gehüet des ampts. Der selben hoptman was herr
albrecht von landenberg ritter, vnd an dem selben zinstag vff der nacht
zoch der selb hoptmann mit grüeninger ampt vff drü hundert man mit der
panner och gen rapperswil.

Also do nun morndes ward an der mittwuchen²⁵²), wurden si ze rap-
perswil ze rat, dass si mit etwa mangem schiff vff den see weltint faren,
vnd beducht si denn, dass si ichtzit²⁵³) guots geschaffen köndint, so wel-
tint si vff dem seo ain ordnung machen, darnach als inen denn begegnoti
vnd nach dem besten als si dücht; wan si wissten wol, dass die von schwitz
mit ir panner vnd mit aller macht beruss gezogen warent. Si wisstent
aber nit aigenlich wo si do zemal warent. Do nun ward nach imbis des
selben tags, fuorent die von rapperswil, vnd ander die da warent, vss der
statt mit zechen wol gerüsten schiffen. Es kament och zuo inen vff dem
see zwai gerüste schiff vss dem hoff stäffi²⁵⁴). Es kam och ain wol gerüst
schiff von zürich, warent die schifflüt, vnd hatten och der selben schifflüt
venli. Nun hatten die von rapperswil von allen orten²⁵⁵) die bi inen wa-
ren, in die schiff geordnet, den mertail von rapperswil, ain tail von winter-
tur, ain tail von kyburg vnd ain tail vss dem ampt von grüeningen, dass
also in don zechen schiffen bi fünf hundert mannen warent.

It. es warent och diss edlen in den selben schiffen: her albrecht von
landenberg ritter, der von grüeningen houptman, jerg von sal, herdegen von

---

²⁴⁹) Die zwei Absagebriefe bei Tschudi II. 367. 368. ²⁵⁰) mayentag Hü. ²⁵¹) 21. Mai.
²⁵²) 22. Mai. ²⁵³) irgend was. üz Hü. ²⁵⁴) Tsch. verschr. stettli. ²⁵⁵) von allen orten —
raperswil bei Tsch. übersprungen.

hünwil, hans von griessen, hans von goldenberg, victor von münchwil, einer von gachnang, ludwig mayger, der von rapperswil houptman, jacob von langenhart, hartman von hünenberg, hans mayger, des hoptmans vetter vnd hans von busnang²⁵⁶).

Als si nun vff dem see fuorent, da machten si kain ordnung, als si doch vor verlassen hattend, vnd fuorent also der schifflüt von zürich schiff gen frygenbach, vnd liessent da ze land, vnd luffent glich hinuff in das dorf. Da das die in den andren schiffen sachent, die doch wondent, man welt ain ordnung machen vnd ze rat werden was man tuon welt oder war man welt, als das denn die hoptlüt ze rapperswil mit sinandren verlassen hatten, da wolt doch niemand des andern zag sin, vnd liessent die schiff alle ze land, vnd luffent also on ordnung hinuff in das dorf zuo der kilchen, vnd hatten doch wol in den schiffen gesechen, ee ob si ze land liessint, dass die von schwitz ir panner zwüschent pfeffikon vnd frygenbach vff ainem berg hielten. Also woltent si das dorf ze frygenbach gebrennt han, do rüefft herr hainrich schwend von zürich, si söltint nit brennen, si wärint die ircn, man sölt si vngeschadgot lassen. Also hattend die schwitzer bi achtzigen oder bi hunderten in dem dorf vnd schluogent vnd schussen vnd wurffen also hert mit einander, also dass der von schwitz etwa vil tod lag, vnd wichent och in den kilchhoff vnd in die kilchen ze fryenbach. Also traten inen die von rapperswil vnd die bi inen warent, ernstlich nach an den kilchhoff, vnd schussent vnd wurffent vnd schluogent da fast zesamen. Da si nun also zesamen schluogent vnd stachent, da luffent die von schwitz vnd die ze pfäffikon lagent, all gen fryenbach zuo den iren ze hilff. Da nun die von schwitz mit der panner sachent, dass denen von rapperswil vnd den iren kain hilff me kam, weder ze schiff noch ze land, da liessent si sich ernstlich mit der panner hinab och gen frygenbach. Also wurdent nun die von schwitz denen von rapperswil vnd den iren ze stark, dass si wichen muostent, vnd forchten dass inen die von schwitz die schiff an dem see verkemint. So was ir och der mertail bi dem see beliben²⁵⁷) die nie hinuff kament, vnd incn vnlustig was ze fechten.

Do nun also die frommen, die da gefochten hatten, wichen muosten vnd zuo schiff wolten gon, da ilten inen die von schwitz ernstlichen nach vnd erschluogen vnd erstachent ir xlij man, die da belibent, wan si ilten inen nach bis an die schiff. Also hieltent si dennocht mit den schiffen bi dem land, vnd schussent zuo denen von schwitz mit büchsen, dass der iren dennocht vil ze schiff kament, die sunst müestint beliben sin²⁵⁸).

Dess gelich hat der hoptman ze rapperswil ain venlin gemacht, das nament si och mit inen gen fryenbach, vnd anders kain panner noch venlin, vnd brachten es och mit inen gen rapperswil²⁵⁹).

---

²⁵⁶) Dieser l'assus blos bei Hü. ²⁵⁷) die bi see belibent Hü. ²⁵⁸) Folgt bei Tsch. ein fast handbreiter leerer Raum, in der Abschrift bei Hü. die Zeichnung des Fähnchens. ²⁵⁹) Hingegen Tschudi am Rande (und im Chron. II. 370) „Dis vendli kam gen Schwitz, da hangts noch".

Nun hatten aber die von schwitz den stetten vnd andren iren guoten frün-
den vnd günnern geschriben vnd bottschaft geton. wie sie zwai hoptpanner
gewunnen hettint, vnd dabi gross volk nidergelait vnd erschlagen hettint,
das doch nit also an jm selbs was [260]).

86. An der herrschafft tail hand verlorn diss nachgeschribrn.

It. die nachgeschriben hand verloren an der h e r r s c h a f f t tail: herr al-
brecht von landenberg ritter, vnd ainer siner knecht, (schulthaiss steiner)
von rapperswil, hanns stciner ain sun, hanns kuster ain schuomacher, ruodi
hugerli ain zimerman, peter schiffli [261]), hanns schiffli [261]) sin sun ain schlos-
ser, ruodi suter ain melmacher [262] a) bertschi schuchter von kompraten,
cuonrat [262] b) stächeli ain soldner, hanns pfiffer ain soldner, cuonrat hug ain
soldner uu).

Von z ü r i c h vss der schifflüt zunfft fünf man, von w i n t e r t u r dry man,
vnd ainer starb darnach ze rapperswil, was wund daselbs worden. Anders
gestarb der wunden nie kainer, vnd wurden doch me denn xl man daselbs
wund an der herrschaft tail.

It. vss der grafschaft von k y b u r g vnd vss dem ampt g r ü n i n g e n,
vnd wannen si denn warent, verlurent xxj man, also dass die sum ir aller
antraf xlij man, die da belibent.

87. Die von schwits verlurent de semal [262] c).

It. an der von s c h w i t z tail ward erschlagen vnd erschossen bi xxiiij
mannen, als si sprachent, vnd bi lx mannen ward ir da wund, die sturben
den mertail [263]).

---

[260]) Tschudi II. 368 — 370 und die Note. [261]) schlifi Hü. [262] a) müller Hü.
[262] b) vorname f. Hü. [262] c) Rubrik f. Hü. [263]) Tschudi II. 370. 371.

uu) Also zugent die von Z. vnd der landtuogt im mertzen vs anno Mccccxliij,
baid tail wider enander. Vnd zugent wintertur, kyburger ampt, grüeninger ampt
vnd ander edel gen raperschwil vnd lagent da, vnd zugent die schwitzer vff den
etzel vnd die von glaris in die marck vnd das land das zuo jnen gehort, vnd
lagent da im land wol gegen enander. Vnd zugent die von zürich gen horwen
(Horgen) an die letzi, das die schwitzer nit an den zürichsew kamint. Do zoch
der landtuogt ouch der hoptman vnd d. marggraf von Z. mit ainem hüpschen
zûg gen bremgarten vnd gewunnent die statt wider zuo der herschafft von Oe.
Darnach das volk das zuo raperschwil lag, das fuor mit schiffen wol by vc man-
nen gen fryenbach an den etzel. Do zugent jnen die schwitzer engegen vnd
schiktent ainen clainen zûg gegen jnen. Da wurdent erschlagen by hunderton
oder mer, vnd vil wund. Die trucktent die schwitzer bas herfür vnd was wol
by MM mannen. Do wichent si wider in ir schiff, vnd geschach jnen als not
das si kum darin koment, vnd verlurent wol by xliij mannen u. s. w. Königs-
hofen Cod. 630 p. 291. 292.

88. Die von zürich verloren aus horgen.

Also lagent nun die vom zürichsee ir villicht vier oder fünf hundert ze horgen an der letz, als vor stat, vnd warent die von zürich ir villicht vff xiij c man in zuger biet gezogen, bis gen bar zuo dem dorf. Da erstachent die von zürich den aidtgenossen etwa mangen man[364]).

Item also lagent in dem dorf ze bar die von lucern vnd zug, von vre vnd vnderwalden mit ir panner vnd mit all ir macht. Da wissten die von zürich nit vm, biss si ze bar an die grendel kament. Do ilten inen die aidtgenossen nach. Also branten die von zürich blickistorf[365]), vnd gaben den iren zaichen, die mit ir panner vnd mit dem ganzen huffen ze horgen[366]) an der letzin lagent, dass si inen ze hilff kämint. Also zugent die von zürich mit ir panner vff das allwiss zuo der buochen, vnd liessent ain tail von dem see an der letz. Also wurdent die aidtgenossen innen, dass die von zürich mit der panner von der letz gezogen warent, vnd zugent obnen durch vnd zugent an die letz. Also kam nun denen die ze horgen lagent, an der letz warnung, wie die aidtgenossen zuo inen an die letz ziehen weltint, vnd embuttent also denen von zürich, dass si inen me hilff schiktint. Also schikten inen die von zürich die zwo zunften schuomacher zunft vnd schnider zunft vnd och suss soldner vnd ander, villicht vff zwai hundert man, vnd ee dass diss hilff vol zuo inen an die letz kam, da hatten si die aidtgenossen an der letz angriffen, die von lucern, von vre, von vnderwalden, die hatten vff vier hundert[367]) man oder me, vnd fachten also hart vnd stark an die letz, vnd schussen vnd wurffen zesamen fast. Diss beschach an dem nechsten fritag nach der tat ze frygenbach[368]a) vm den aubent, als si ze nacht wolten gessen han. Also wertent sich nun die vou dem see vnd von zürich so mannlich vnd ritterlich an der letz, dass si zuo den aidtgenossen schussen vnd wurffent, dass der graben von der letz noch foll lüten lag, dass die aidtgenossen vber die lüt vnd die letz herin drukten. Also hatten nun die aidtgenossen ir etwa vil geordnet, die an ainem andren end durch die letz kament, vnd hinderzugent also die von zürich an der letz, dass sich die von zürich mit kainem vortail kondent me geweren, vnd warent och darzuo gar fast überlütet, dass si also wichen muostent. Sich werten och ain tail mannlich, die och erlich mit gewerter[368]b) hand erschlagen wurdent. Ir etlich verluren och an der flucht, also dass die von zürich vnd von dem see desselben mals grossen schaden empfiengent. Die aidtgenossen empfiengent och des selben tags[369]) berlichen grossen schaden, dass also zuo baiden tailen vil lüt erschlagen ward. Diss beschach an ainem frytag, was sant vrbanus aubent, anno dni

---

364) 23. Mai Tschudi. 365) Tschudi's Korrektur. Die Hdschr. und Hü hatten blickischwil. 366) Tschudi strich Horgen und hat am Rande „am Horgerberg am Hirzel". Darum heisst das Treffen meist „am Hirzel". 367) MMMM Hü. und Bullinger. Vgl. Tschudi Chron. II. 372. 368 a) Donnerstag wäre der 23. Mai. Tschudi korrigirt „fritag", den 24. wie auch Hü. hat und weiter unten steht. 368 b) werender Hü. 369) males Hü.

Mcccxliij[270]). Do nuh die schlacht also beschehen was vnd die aidtgenossen oberhand gewunnen vnd die todten vss zugent, büchsen, pfil vnd anders da gewunnen, wiewol si nun den sig gewunnen hatten, so lobten si es dennocht nit fast, wan si hatten die redlichosten, so si vnder inen hatteh, verlorn, vnd fundent si todt liggen. Die von entlibuoch verluren allsih ob xxx männen des selben tages, wan die selben zugent och mit denen von lucern mit ir panner.

Die von lucern verluren och mannlich lüt, den lütishoffer[271]) vnd ander.

Die von vnderwalden verlüren zwen aman[272]) daselbs vnd darbi mengen redlichen man. Och die von vre verluren schwarlich, wan niemant hat sich da gespart.

It. die von zürich verluren vss der statt hanns maier[273]), hoptman daselbs, hanns brünner, walther schulthess, haini bagnower, eberhart[274]) trinkler, vnd vil ander erber lüt von zürich vss der statt, vnd och etwa mengen soldner. It. es verluren och die vom zürichse, von mailan, von erlibach, von küsbnach, von horgen, von tallwil, von kilchberg, von griffense, vss dem fry ampt, vnd wannen si denn warent, die denen von zürich zuo gehorten, ob drittbalb hundert mannen, vnd vnder drü hundert mannen vnd dabi[275]).

Also kam nu denen von zürich vnd ir hoptman[276]) bottschaft, wie die aidtgenossen die iren ze horgen an der letz erschlagen hettind, vnd inen die letz angewunnen hettint, vnd hettint also ir etlich gern gesehen, dass si vff die waldstatt zu denen aidtgenossen gezogen würint, vnd da noch ainest mit den aidtgenossen gefochten hettint, wan inen ward wol ze wissen geton, dass die aidtgenossen och grossen schaden empfangen hettint. Also tryben si nun das eben lang mit raten; je ze letst ward es das mer, dass si vff die waldstatt zuo den aidtgenossen ziehen wöltint. Also zugent si nun hinuff gen der waldstatt, der marggraf, ritter vnd knecht vnd die von zürich mit ir panner vnd mit ir macht, als si denn haben mochten, vnd vor vssgezogen warent. Do si nun also etwa fer gezugent, do begond das volk gar fast schwinen[277]). Do nun das der von zürich hoptman sach, dass si sich also begunden abstelen, vnd das volk also begund schwinen, do beruofft er die herren vnd och die von zürich vnd zoigt vnd sait inn och die sach, vnd wie jm das so vbel gefiel, vnd sachen an den lüten wol, dass si nit lustig warent ze fechten[277b]), vnd wurden also aber mit ain andern ze rat, dass si wider gen zürich zügen[278]), vnd wolten vff den selben tag nit fechten. Der marggraff trost si och fast wol, er getrawti, jm käm sohier[279]) hilff, dass er si mit macht wol möcht angriffen. Also zugent die von zürich wider haim, vnd ward der huff als gross vnd des volks als vil,

---

270) 1444 Hü.   271) Tschudi am Rande „mentitur". 272) man Hü. 273) von Knonau. hans miner Hü. 274) erhärt Hü. 275) Abermal gleicher weisser Raum und bei Hü. eine Fahne. 276) 25. Mai Tschudi. 277a) abnehmen, schwinden. 277b) dass inen nüt lustig ze fechten was Hü. 278) ziehen söltin Hü. 279) bald.

als ain vor je gewesen was, wan si kament vss den studen, vnd da si sich
verborgen hatten, vnd zugent mit der panner wider haim **)rv).

89. Die aidtgenossen branntea.

It. do nun die aidtgenossen sachent, dass si also den sig gewun-
nen hatten, vnd die von zürich wider haim gezogen warent mit ir panner,
do brannten si vff dem allwiss vnd daselbs vm allenthalb. Es kament och
vff den selben sampstag **) ze nacht zuo inen die von schwitz mit ir pan-
ner. Do ward an dem sonnentag **) morgen fruo, do brannten si ab hor-
gen vnd daselbs vmb. Si brannten och des selben tags horgen das dorf,
tallwil, kilchberg, russlikon, bentlikon **a) vnd alles das da vmb
was. Si branten ouch die kilchen ze kilchberg vnd alles das dar in was **b).
It. do nun die aidtgenossen daselbs vm wuostent vnd brannten, vnd
die von zürich bärlich schadgoten, was si inen ze laid getuon konden, vnd
si also wol dry tag da selbs vm gelagent, da ritten wol etlich raissig vnd
edel haruss; vnd erstachen ain oder zwen; aber der huff vnd die von zü-
rich getorsten mit macht nie heruss komen. Do nun das die aidtgenossen
sachent, do zugent si enweg, vnd zugent mit sinandern in das fry ampt **).

90. Die aidtgenossen gewannen bremgarten.

Also wurdent nun die aidtgenossen ze rat vnd zugent für die statt
ze bremgarten. Es kament daselbs zuo inen die von bern vnd solo-
turn **). Nun hatten die von bremgarten vor gar mannlich vnd trostlich
geredt mit denen von zürich vnd mit andren, dass si ir statt redlich heben
wöltint, vnd vff sölichs lichent inen die von zürich irn büchsenmaister vnd
anders, so si dann notturftig warent, in ir statt. Si hettint inen och gern
lüt gelichen, do wolten ir die von bremgarten nit, vnd mainten, si hettint

---

**) Tschudi II. 371 — 373. **) 25. Mai. **) 26. Mai. ** a) benklikon Hü.
**b) Hü. allein. **) Tschudi II. 373. 374. **) Deren Absagebrief Tschudi II 373.
und der an Bremgarten vom 1. Juni S. 375.

rr) Darnach über iiij tag (nach dem Gefechte bei Freienbach) zugent die
von lutzern, von vnderwalden, von vre, von zug an die letze gen horwen (Hor-
gen) vnd sturmtent an die letze, vnd was ir wol by vj M der schwitzer, vnd der
von zürich wol by vjc mannen, vnd strittent mit enander, vnd ward der schwitzer
wol by vijc oder by viijc erschlogen vnd vil wund. Doch do koment die schwitzer
hinden durch die letzi hinnen an si, vnd ward ir by occe erschlagen; die andren
entrunnent kum, vnd was vff der nacht das es vinster vnd tunckel ward, vnd
regnet, anders si werent alle erschlagen worden, vnd behuobent die schwitzer
aber das vold. Do das der marggraff mit sinem harsch vornam, wie es do gan-
gen was, do zoch er wider haim gen Z. vnd zugent jm die schwitzer nach, vnd
maintent jn verkommen (zuvorzukommen, abzuschneiden). Also kam er mit siner
schar wider in die statt vnd torstent die nit me herus komen. Darnach zugent
die von wintertur vnd die andren, die zuo raperschwyl lagent, ouch widervmb
haim, vnd belaib jederman by dem sinen. Königsh. 630 p. 292. 293.

lüt gnuog in ir statt, vm die statt ze behaben. Also versprachent inen die von zürich, dass si mannlich wärint, so weltint si ir lib vnd guot mit inen tailen. Also belagent die aidtgenossen die statt bremgarten an dem dornstag, das was an dem hailgen vffart tag [286]), vnd behuobent die von bremgarten ir statt nit lenger denn dry tag, vnd gabent den aidtgenossen ir statt vff mit sölichem geding, dass si bi dem rechten söltint beliben vnd bi den aiden als si vor den aidtgenossen getan hatten, vnd das burgrecht, so si vor zuo denen von zürich ewenklich geton hatten vnd geschworn, vnd alles so die von zürich mit inen hatten, söllt genzlich ab sin, vnd was si denen von zürich pflichtig warent, sölten si hinfür denen von bern [287]) pflichtig sin. Man sol och wissen, dass die aidtgenossen nit me denn ain tag ze bremgarten in die statt schussen; si hatten och guot kuntschaft vss der statt, wan der schulthaiss hielt es mit inen, als sich das darnach bewisst.

It. in disen dingen ritten die von baden vnd mellingen zesamen vnd machten ain täding mit den aidtgenossen, dass man si liess beliben als si die aidtgenossen vor ingenomen hatten bi küng sigmunds ziten, vnd si die aidtgenossen also disen krieg liessint still sitzen. Dess gonten inen die aidtgenossen. Also huoben si sich zuo den aidtgenossen vnd hultent inen; wiewol si vor zuo der herrschaft von österrich landtvogt vnd zuo den von zürich dem vngelich geredt vnd gebaret hatten, so baitoten si nit, si huldten inen vnd ritten den aidtgenossen nach [288]).

91. Die alt regensperg ward gewannen.

Also zugent nun die aidtgenossen [289]) ze baden durch die statt in das wental vnd wuosten alles das da denen von zürich zuo gehort. Do si kament zuo der alten regensperg, do biessen die puren die von zürich ab der vesti wichen, wan si weltind die veste den aidtgnossen in geben, als si ouch taten, vnd schwuorent die puren all den aidtgenossen [290]), vnd gabent inen die alten regensperg in, vnd giengent die von zürich, die daruff warent, wider hain. Die aidtgenossen begiengent och desselben males grossen muotwillen vnd freuel in der kilchen, davon vil ze sagen wär [291]).

92. Die näw regensperg ward gewonnen vnd verbrenat.

Also zugent nun die aidtgenossen daselbs vmb, vnd wuosten vnd brannten die dörfer rümlang, hasslen [292]) vnd was da vmb was etc. Also hatten die von zürich die nüwen regensperg, das schloss, wol besezt, als si wonden, wan si hatten daruff gelait hansen von isna vnd [293]) lüt, denen si gar wol vertruwten, vnd damit si mainten das selb schloss gar wol besetzt han. Also gabent die puren die vorder statt ze regensperg uff.

---

[286]) 30. Mai. [287]) „vnd anderen Eidgnossen" Tschudi [288]) Tschudi II. 376. [289]) 4. Jun. Tsch. [290]) als si ouch taten — aidgenossen f. Tsch. [291]) Tschudi cit. aber ohne den Zusatz. [292]) 7. Jun. Tsch. [293]) hansen v. i. f. Tsch.

Also erschrakent die vff der veste warent vnd gabent das guot herrlich schloss vff on alle not, vnd an gnad gabent si es vff, den sidtgenossen [294 a]). Der vogt ze regensperg ward erstochen, vnd wurdent die andron all gefangen, die vff regensperg warent, vnd wurdent getailt, vnd geschikt [294 b], in alle ort der sidtgenossen. Also zuntten die sidtgenossen das guot vest schloss an, die nüwen regensperg, die vesti, vß mentag in den pfingsten [295]) des vorgenannten jares, vnd schwuorent die puren in dem stettli zuo den sidtgenossen, vnd besatzten och das [296]).

It do nun also die sidtgenossen die veste ze regensperg gebrennt vnd gewuost hatten, vnd die lüt, so die von zürich dahin gelait hatten, gefangen vnd erstochen hatten, als vor stat, do zugent si aber mit aller ir macht, so si da hatten, von bern, von soloturn, von lucern, von vre, von vnderwalden, von schwitz vnd von glaris mit ir panner, dass man si all schatzt für xij tusent man oder me, vnd zugent also all mit einandern gen grüeningen für die veste vnd das stettli vff zinstag in den pfingst virn [297]), vnd wuosten also nit vast mit brennen vnd sölichen schaden vnderwegen, doch nament si was si funden. Si zugent den selben zug mechtiger vnd sterker denn si vor oder nach nie geton hatten [298]), wan si wissten dass kein frembd volk im land was, vnd vorchten nit, dass si daheim vberzogen oder geschadgot wurden. Also hatten die von zürich die selben burg ze grüeningen gar wol besorgt mit allen dingen, so man in ainem schloss haben sol, kost gnuog, essen vnd trinken, zwo guot stain büchsen, vier gross tarres büchsen, vnd etwa vil handbüchsen, vnd siben lägelen mit büchsenbulfer, vnd darzuo ain büchsenmaister, ain lägelen mit fürpfilen, vnd suss vil hüpscher vnd guoter pfil, vnd anders zügs, so man denn in ainem schloss bedorfft. Also besatzten sie es och mit lüten, denn si dann aller best getruwten, wan denen von zürich was vil an dem selben schloss gelegen.

93. Grüningen ward gewunnen on alle not.

It der yberger, ain schmid, der obrest zunftmaister ze zürich vnd peter kilchmatter warent hoptlüt. Der kilchmatter was vogt ze grüeningen, vnd hatten bi inen vff der veste, dass ir aller vff der burg vier vnd sechtzig man warent. Also warent ir och vil vss dem ampt ze grüningen gewichen in das stettli daselbs, vnd mainten das och ze beheben. Als nun die sidtgenossen an dem zinstag da hin kament, als vor stat, da machtent die in dem stettli ze grüningen ain täding mit den sidtgenossen, wenn si die burg gewunnint vnd erobretint, so sült die statt ze grüningen och gewunnen sin, vnd solten och die burg durch die statt nit schadgen. Diss täding machten die von grüningen in dem stettli mit den sidtgenossen vff die nächsten mittwuchen darnach [299]), do die sidtgenossen nit mer denn ain nacht da gelegen warent. Also richten die von bern ir büchsen gen

294 a) 9. Juni. 294 b) geschenkt Tsch. 295) 10. Juni. 296) Tschudi II. 377. 297) 11. Juni. in den pfingsten Hü. 298) mechtiger denn si vor je geton hatten Tsch. 299) 12. Juni.

der veste, vnd schussent etwa mengen schutz hin in, vnd si haruss, doch beschach da nit grosser schad. Es ward etwa menger vor der veste geletzt vnd erschossen, vnd getorsten doch nit frölich heruss schiessen. In der veste ward nie kain man[300]) geletzt noch erschossen, denn ainer ward in ainen arm geschossen; doch gieng er nie dester minder. Also huobent die in der veste an, och mit den aidtgenossen ze tädingen, vnd gabent das herrlich kaiserlich schloss uff, on alle not, das doch so wol vnd so kostlich bezügt vnd gespist was, an dem nechsten sonnentag darnach, das was der achtent tag nach pfingsten[301]).

It. si gabent dem vogt ze grüeningen ain gelait mit aller siner hab, so er vff die selben veste bracht hat, do jn die von zürich da hin zuo ainem vogt satzten, vnd sin lib vnd alles das sin biss an sin gewarsami.

It. allen andren so vff der veste ze grüeningen warent, gabent si gelait ab der veste biss an ir gewarsami, mit ir lib vnd guot vnd aller hab, so si vff die veste bracht hettint, es wär harnast, armbrost, büchsen, pfill, züg vnd was inen zuo gehört.

It. alles das die von zürich vff die selben veste ze grüningen getan hatten, kost, win, züg, büchsen, bulfer, armbrost vnd vil anders guots züges, so man denn in der veste notturftig was, gabent si alles den aidtgenossen in, vnd darzuo das herrlich schloss, die veste grüeningen, vnd giengent alle ab dem schloss an dem sunnentag ze aubent nach vesper. Also hielten si dem kilchmatter, der vogt vff der burg gesin was, das gelait nit lang, si schluogent jn ze tod, diss tät erni willis sun vnd ainer von vnderwalden. Also ward der selb vogt schantlich ermürt.

It. der vogt belaib ze grüeningen, vnd wolt sin plunder gen zürich gefüert vnd geschaffet han, dess er och gelait hat. In den dingen ward er ermürt, als vorstat[302]).

It. also kament nun des selben aubent an dem sunnentag ze nacht vm bett sit ir me denn viertzig, die ze grüeningen vff der vesti warent gesin, gen rapperswil, vnd wärint gern in die statt gesin[303]). Also wolt man sie ze rapperswil nit in die statt lassen, vnd sait man inen, dass si sich nit so erlich vnd redlich gehalten hettint ze grüeningen, man welt ir ganz nüts, si möchtint gan war es inen eben wär. Also muostent si all sament ze rapperswil vor der statt die selben nacht liggen, dass si die von rapperswil nit in die statt lassen wolten, denn[304]) irn büchsenmaister, der entschuldiget sich vnd sprach, si weltint jn nit ab der burg lassen schiessen. Also fuoren si morndes[305]) fruo mit enander gen zürich.

It. die von zürich laiten si all in die türn, vnd schatzten die die schuldig warent, vnd stiessent och ir etlich von gewalt vnd von er; die vnschuldigen liessent si ledig.

---

300) kainer Hü. 301) 16. Juni. 302) Tschudi II. 377. 378 Alles Bisherige kurz bei Königshofen 630 p· 293. 303)· gen rapperswil — statt gesin bei Hü. verschr. 304) ausser. 305) 17. Juni.

It. do nun die von rapperswil vernament, dass die aidtgenossen grüeningen ingenomen hatten, da brannten si der selben nacht ir hüsser vnd schüren, vnd was si vor der statt hatten, vnd huwent ir böm ab, vnd was si geirren mocht, wan si wisstent nit anderst, denn dass die aidtgenossen ir statt och beligen wöltint³⁰⁶).

It. an dem sonnentag³⁰⁷) ze nacht brannten die aidtgenossen das dorf ze münch alttorf vnd die kilchen daselbs. Inen wurdent etlich erstochen, da mainten si, dass die selben von alttorf schuld daran hettint; zwen oder dry redlich knecht der aidtgenossen.

It. also muot nun die von bern vnd ander, dass si den vogt ze grüeningen in dem gelait erstochen hatten, vnd zugent ze grüeningen ab vff den mentag³⁰⁸), vnd wolten kain tail an dem selben tail³⁰⁹), schloss vnd ampt han, vnd wolten es och nit besetzen, vnd ganz nüt damit ze tuon han. Also zugent die von bern, soloturn, luoern mit ir züg den weg, den si och dahin komen warent, gen baden vnd wider haim.

It die von vre, vnderwalden, zug, schwitz vnd glaris lagent dennocht ze grüeningen bis vff den zinstag³¹⁰). Also besatzten si das selb schloss die von schwitz, zug vnd glaris, vnd liessent bi hundert vnd zwainzig knechten vff der veste, vnd gehiessent denselben wol, vnd liessent ain hoptman da, der was von schwitz, vnd zugent och an dem selben zinstag ab. Die von glaris zugent den nächsten hain, die von schwitz, zug, vre vnd vnderwalden fuorent ze wormspach³¹¹) bi dem kloster vber den see in die march. Si brannten och des selben tags etwa mangs huss ze wagen, als si dardurch zugent, vnd morndes, an der mittwuchen³¹²) brannten die von rapperswil das dorf ze ermestwil darwider. Es wär och hie vil ze sagen, wie sich die aidtgenossen hielten in disem zug, besonder dass si grossen muotwillen tribent in kilchen vnd gotshüsern vnd vnzimlichen grossen frefel. Si nament die fläschlin, da das hailig sacrament inn was, öl vnd crisam, vnd schutten das sacrament vss, durch des klainen schatz willen. den si darab lössen möchtint; die seckel, da das hailig wirdig sacrament inn was, nament si, vnd andren kilchen schatz, gloggen vnd anders.

94. Die aidtgenossen taten vnchristenlich sachen, als man von inen salt.

It. si nament ze rüti in dem closter all ir gloggen vnd alles das si funden; si brachent all ir schloss ab, vnd all ir türen vff, vnd nament das yssen vnd was si in dem selben closter funden. Si zerschluogent inen in dem münster alle helm vnd schilt vnd wurffent si hinus, als die herren vnd die edlen ir begrebt in dem selben münster hand; si nament die panner im münster, die man den herren zuo hengkt, so man ir begrebt begat, vnd fuorten die mit inen enweg, als ob man si in ainem strit gewunnen hatt³¹³).

³⁰⁶) Tschudi II. 378. ³⁰⁷) 16. Juni. ³⁰⁸) 17. Juni. ³⁰⁹) Thal. ³¹⁰) 18. Juni. ³¹¹) formspach Hü. ³¹²) 19. Juni. ³¹³) ob si si — hettint Hü.

It. si brachen die greber in dem münster vff, vnd truogent die todten lichnam heruss, graf fridrichen von toggenburg, vnd schluogent jm ain stain in den mund; graf waldraffen von tierstain schutten si vss dem bom, vnd wurffen ainander mit sinen gebainen.

It. dess glich begiengent si ze cappel; in dem closter brachent si all türen ab vnd nament die schloss vnd behenk, vnd schluogent all ir ofen nider, vnd vil anders frefels, den si da begiengent, da von vil ze sagen wär.

It. dess gelich taten si och ze wurmspach in disem frowen closter, vnd in andren gotshüser[314]).

Also trost der marggraff in disen ziten die von zürich vnd ander fast, vnd maint, jm sölt hilff komen, dass er den aidtgenossen wol widerston möcht mit gewalt, vnd schraib fürsten vnd herren, vnd mante si von des küngs wegen vmb hilff. Aber do der küng nit selb zuo den sachen tät, do giengent sin och die curfürsten vnd ander fürsten vnd herren müessig. Also was nun in den ziten der küng vnd die hertzogen von österrich ze österrich, vnd hatten ander gross, treffenlich sachen usszetragen, dass si also zuo disen sachen nie nünts getaten. Vnd also kam kain hilff von den fürsten; doch rait darbi etwa manger herr, ritter vnd knecht, der herrschaft ze dienst in disen krieg, die gern ir bestes geton hettint. Es was och sach dass die edlen denen vor zürich nit wol getruwen mochten, wan es was ain gemain red vnd offner lümbd, dass ir vil ze zürich was, die den aidtgenossen bessers gonden denn der herrschaft, vnd inen laid was der pund, den si mit der herrschafft geton hatten, vnd man das wol wisst, dass die aidtgenossen vil kuntschafft von zürich hatten[315]); darumb belaib in disen ziten vil vnderwegon, das man gern geton hett. Nun getorst man in den ziten die schuldigen ze zürich nit strafen[316]).

95. Der marggraf schikt ain ritter zuo dem hertzogen von burgunn.

Nun schikte in disen ziten der marggraf herr petern von mörsperg ritter zuo dem hertzogen von burgunn. Da wär der hertzog willig gesin, doch muotet er och etwas an den küng. Also schikt der marggraf den selben herr petern zuo dem küng. Der belaib vss von pfingsten bis vff sant michels tag[317]).

96. Item se zürich lagent bi fünf hundert pfert.

In disen dingen lagent ze zürich bi v c pfärit der edlen oder me, die gern ir bestes geton hettint, vnd och fuossknecht von dem schwarzwald, von friburg, von nüwenburg, von bryeach, von tan, von waltshuot, vss dem elsas vnd anderschwa her, vnd wess man ze rat ward oder was man tuon wolt, so wissten es allweg die aidtgenossen. Also ward vff sant jo-

314) Tschudi II. 378. 379. 315) vnd man das — von Z. hatten blos Hü. 316) Tschudi II. 379. Vgl. gg. 317) Tschudi II. 379. 380.

hanns aubent des töffers, anno dni Mcccxliij, was vff ain sonnentag[315]), do
tät man ze zürich ain anlege[316]), vnd wolt man die statt ze b r e m g a r t e n
erstigen vnd wider ingenomen han, wan man wisst wol, dass ir vil in der
statt was den laid was, dass si die aidtgenossen ingelassen hatten vnd zuo
inen geschworen hatten. Darzuo hatz man och etwas kuntschaft daselbs.
Also beschloss man ze zürich alle tor vff den selben sonnentag bis vff die
vierten stund, vmb dess willen dass niemand kain kuntschaft noch war-
nung hinuss gebe. Also do nun ward vmb die viere nach mittag, do hatt
sich jederman berait ze zürich, ze ross vnd ze fuoss, vnd zugent also vss
mit ainem schönen züg, edel vnd vnedel, vnd hatten all ir ding wol vnd
schon geordnet, vnd do es nun ward vff die ainlifte stund vor mitternacht,
do warent si ze bremgarten bi der statt an dem graben. Also richten si
ir züg vnd laitren zuo vnd wolten gestigen han. Do warent die von brem-
garten gewarnot, es warent[320]) och ir etlich in die statt komen, den och
diss kund getan ward. Also zugent si wider haim gen zürich, so si haim-
lichost konden, dass ir die von bremgarten ganz fürwar nie konden innen
werden. Also kament si morndes am mentag[321]) fruo wider haim vnge-
schaffot. Also was deren von zürich hoptman türing von hallwil zornig
vnd sprach offenlich zuo denen vor zürich: Ir hand ain hüpsch guot rat-
hus, aber es hat gar tünn muren; was man darinn redt, das hört man gar
wit; damit er inen erzoigt, dass er vnd ander mainten, diss warnung wär
von den gewaltigen komen[322]).

Aber darnach an dem sechsten tag höwmanots des vorgenannten ja-
res, vff samstag ze nacht, da die sunn schier wolt vndergan, zugent aber
die edlen vnd raissigen ze z ü r i c h vss, villicht mit fünf hundert pfärit vnd
vj c ze fuoss. Diser hoptlüt warent junkher jacob, der graf von lützelstain,
graf ludwig von helffenstain, hanns von rechberg, vnd zugent also für ba-
den hinab bis nach gen z u r z a c h, vnd brannten vnd wuosten was den
aidtgenossen zuo gehort. Si nament ain grossen roub vnd vil gefangner.
Ir etlich wurden och erstochen, die sich nit gern wolten gefangen geben,
vnd branten xiij dörfer des selben zugs, vnd kament also wider gen zü-
rich, dass inen nie kain laid geschach. Es was och in den selben ziten
selten kain tag, si brächtint roub vnd gefangen gen zürich, vnd hettint
och lüt erstochen.

It. aber darnach an der nächsten mittwuchen das was die mittwuch vor sant
margreten tag[323]), hattent die von g l a r i s ain zug angelait vff die von r a p p e r s -
w i l, vnd samloten sich die von glaris, vss der march, vss dem gastren, von
vtznach etc. dass ir also vff vj c man warent oder me, vnd hatten ain huot
gestossen hinter den mayenberg mit iij c mannen, vnd solten da warten;
wenn die von rapperswil ir vich hinuss für die statt schlüegint in die wai-
den, so sölten si inen das nemen vnd die lüt erstechen; das ander volk

---

315) 23. Juni. 319) Anschlag Tschudi. 320) Hü. verschr. wärint. 321) 24. Juni.
322) Tschudi II. 380. 323) 10. Juli.

solt von jonen her in ziehen den iren ze hilff, ob inen die von rapperswil
ze not tuon weltint. Vmb diss sach wissten die von rapperswil ganz. müt,
vnd. do, es ward an dem morgen, do traib jederman sin vich hinuss, vnd
giengent die lüt jederman, da er ze schaffen hat. Also do es, si nun zit
dunkt, do luffent si den berg herab gen der statt vnd hinderluffent da
etwa vil vich, vnd kü, vnd erstachent zwen knecht an ir arbait. Also luf-
fent die von rapperswil heruss vnd, erratten dennocht vil vichs, vnd tra-
tend also mit ir hoptman vnd mit. dem venli hinach, vnd schussent ernst-
lich zuo inen. Also schussent si ir ain ze tod vnd etwa mengen wund.
Es luffent ir och etlich für das vendli hinuss, die nit ordnung halten wol-
ten; der wurdent och zwen erstochen, des hoptmans koch vnd ain arbaiter,
biess hanns bollinger[324]).

Also was nun ain gemain red, die aidtgenossen weltint rapperswil belig-
gen, vnd von ms saiten die aidtgenossen schaden den, si da geton hettint, denn
aber denen von rapperswil beschechen wär. Also an. dem nächsten fritag
darnach[325]) schikt marggraff wilhelm von hochberg, der herrschaft von
österrich landtvogt, funfzig schützen, edler vnd raissiger gen rapperswil,
von friburg vss dem brissgöw, vnd xxvj. pfärit, och von friburg, vnd zwai
schiff mit korn, büchsen, pfill vnd ander züg, vnd an dem selben fritag, da
der tag hergieng, kament die selben lüt vnd das korn vnd etwa mangs
schiff mit inen von zürich, die si belaiten, gen rapperswil[326]).

Als nun die lüt vnd die von zürich villicht mit zechen schiffen komen
warent vor tag gen rapperswil, also wissten es ir vigent desselben tages
zitlich. Also das vnd, anders was man ze rapperswil für band nam oder
anfieng, das wussten allweg ir vigent, vnd was das die vrsach, es warent
ir vil ze rapperswil, die das ir in die statt geflüchnet hatten, vnd davon
nit gern wichent, vnd aber ainer ain bruoder, der ander ain sun, ainer ain
wib vnd ander sin fründ vor der statt hatt, die all den aidtgenossen vnd
denen von schwitz geschworn hatten. Vnd kament also alle tag frowen,
aine suocht ir vatter[327]), aine irn man, die ander fragt nach irem bruoder,
vnd wisst man nit wem man getruwen mocht oder nit, vnd kond man so
wol och nit gehüeten, inen wurde kuntschaft, vnd was ganz denen von
rapperswil noch denen die bi inen warent, niemant so hold noch so ge-
trüw, der inen ain warnung oder kuntschaft gäb, wie vil si all fründen,
bruoder, wiben vnd kinder vor der statt hatten.

27. Die von zürich zugent aber vss.

It. do nun aber ward vff sant margreten tag[328]), zugent aber die von
zürich uss, vnd wolten gen bremgarten, vnd hatten aber muot, die
statt ze erstigen vnd in ze nemen. Also falt[329]) inen nun aber ir kuntschaft,
dass inen nit gelang. Also zugent si hinab biss gen rordorf, vnd wuosten
vnd nament alles das si funden, vnd zugent wider gen zürich.

---

[324]) Tschudi II. 381. [325]) 17, Juli. [326]) Tschudi II. 382. [327]) Vetter Tsch. [328]) 15. Juli.
[329]) fehlte.

Darnach besatzten die aidtgenossen die statt ze b r e m g a r t e n. Also wichent ob drissigen der redlichosten vnd mechtigosten burger von der statt vnd kament gen zürich, vnd och etwa manig arm knecht mit inen mit wib vnd kind, wan die aidtgenossen schluogen wib vnd kind vss der statt ze bremgarten, wer gewichen was [330]).

Also darnach an dem zinstag, das was der nächst tag nach sant margreten tag [331]), zugent die raissigen von zürich gen wil, der [332]) hoptman was hanns von rechberg, vnd hat vff iiij c pfärit oder me. Also nament si ain roub, vnd brachten och etwa mangen gefangen, vnd erstachen ij oder iij, vnd rannten inen bis an das tor [333]).

It. es ist in disen dingen etwa menge geschechen, das nit alles aigentlich hie geschriben ist; doch der mertail vnd das grösst ist zuo guoter mass hie geschriben.

In den selben tagen hatten ir vil ab dem land gen r a p p e r s w i l geflöchnot, die och der herrschaft von österrich geschworn hatten, vnd . den krieg nit wichen wolten [334]). Do nun die vsslüt sachen, dass es den aidtgenossen so wol gieng, vnd ain gemain red was, man welt die statt rapperswil beligen, do stuond ir sinn ze holz [335]), das sach man an ir berden [336]) wol. Also redt man mit allen vsslüten, wer nit beliben welt, der möcht haim zuo den sinen gon, mit vil ander worten, denn man wölt niemant vber sinen willen in der statt beheben. Do sprach der hoptman ze rapperswil: „Vm den aid, den ir mir geton hand, luogent zuo üch selb vnd zuo ůweren eren, dess kan ich vch nit erlassen, wan ich bin weder bischoff noch bapst. Ich setz es hin zuo ůwrer fromkait." Also giengent vff dise red me denn drissig vss grüeninger ampt mit enander [337]) vss der statt rapperswil, vnd giengent haim, vnd belait man si von der statt, dass inen niemand kain vnzucht tät, wan es muot vil lüt vbel, besonder die soldner.

96. Die von zürich verluren an der sil.

It. do nun ward in der selben wuchen, zugent aber die aidtgenossen, vss glaris, schwitz, zug, lucern, vre vnd vnderwalden, mit aller ir macht, vnd was zuo inen gehort, in dem ergöw, in dem gastren, vnd wo si zuo gebieten hatten, dass ir aller vff sechs tusent man warent, vnd kament also zesamen in dem fryen ampt, vnd wurdent ze rat, dass si aber vff die von zürich ziehen weltint vnd die wuosten, vnd huoben an dem albis an ze brennen vnd ze wuosten, was si vor hatten gelassen ston. Also do nun ward vff sant marien magtalenen tag [338]) fruo, was vff ain mentag, zugent si herab gen r i e d e n in das dorf bi dem galgen. Als nun denen von zürich ir kuntschaft kam, dass die aidtgenossen ze rieden legint, da yltent si hinuss ze ross vnd ze fuoss, alle vngeordnet, vnd kament also zesamen

---

330) Tschudi II. 382. 331) 16. Juli. 332) deren. 333) Tschudi II. 382. 334) Den krieg nit ze wichen. 335) Im Chron. „wider hinuss". 336) Geberden. 337) vss grüninger ampt f. Tsch. 338) 22. Juli.

vnder der linden bi den benken, dass da ganz niemant kain ordnung vnder inen gemacht hat, weder klain noch gross. Also ward nun der von zürich hoptman, türing von hallwil, fast zornig an die von zürich, dass si on ordnung also zugent, vnd sprach zuo ir etlich von zürich, die den gewalt fuorten: „Ir hand mir all geschworn, vnd bin üwer hoptman wenn ir wend; wenn es üch aber nit eben ist, so bin ich nit vwer hoptman [339]), wan ir volgent mir nit, vnd tuond das vch gefellt." Also hielten die edlen villicht mit v c pferden daselbs bi den benken. Also hesach nun hanns von rechberg mit etwa mengem gesellen das folk, vnd kam wider zuo den edlen vnd zuo denen von zürich, vnd sait, dass er si schatzt vff vj M wol bezügter vnd fechtbarer puren, vnd riet och da bi sinen eren, dass inn das best dücht, dass die von zürich all mit ainander zuo der statt zugind, so wöltint si mit dem raissigen zug zuo inen ritten vnd besechen, ob si inen nütz böss [340]) möchtint abgebrechen. Wenn es inen denn eben wär, so wöltint si dennocht‘ on schaden wol zuo der statt zuo inen komen. Also ward nun dem von rechberg desselben rates gefolget, vnd hiess man die von zürich vber die sil vnd vber die bruggen hinin ziehen. Do hatten si guot grendel vnd wer, vnd hiess man si sich da zuo rüsten mit guoten straiff büchsen vnd mit andrem zug, vnd daselbs warten. Also taten nun die von zürich nit was die edlen mit inen verlassen hatten, vnd zugent also gegen der statt, vnd laitent sich vsawendig der sil vnd vsser dem siechen huss in ain gross wisen. Also was nun desselben tages gar hniss, vnd truog man denen von zürich vss der statt win in gelten vnd in fleschen [341]) zuo. Es was och ain hag vnd ain gestüd vmb dien wisen, dass man si nit gesehen mocht.

It. also ritten nun die edlen vnd die raissigen vber das silveld zuo dem huffen, vnd schalmutzten ernstlich mit inen, vnd wichen vnd zochten si also hernach. Also wonden si, si söltint die von zürich finden, da si hin in beschaiden warent [342]), vnd do si kament nach zuo sant jacob, da der siechen huss ist, da sachen si vsawendig der siechen huss in der wisen die von zürich bi ainander im feld [343]) ston. Dess erschraken nun die edlen, dass die von zürich nit die ordnung hielten, die man gemachet hatt, vnd an die wer warent, da man si hinin beschaiden hat. Dennocht warent si so from vnd redlich, ir der mertail, vnd stuonden zuo inen ze fuoss ab, vnd liessent ir pferit lauffen, vnd traten ir sporen ab, vnd richten sich ze fechten, vnd wonden, si wölünt da mit inen vechten. Nun hatten die edlen wol gesechen, dass es fast vngelich was, wan die sidtgenossen vil mer volks hatten denn die von zürich, vnd warent och fast bass zuo gerüst vnd geordnet, vnd zugent inen och gelich vff dem fuoss nach. Do nun die edlen erst von ir pferden stuonden vnd ir sporen abgehüwen, vnd zuo

---

339) wenn ir wend — nit üwer houptmann f. Hü. 340 ob si inen nütz möchtin Hü. vtzt böss Tsch. 341) Kleine tragbare, untiefe Fässchen. 342) da si si hin beschaiden hatten Hü. 343) mit ainem fenlin ston Hü.

denen von zürich stuonden, do luffent die aidtgenossen gelich herin, vn-
geordnet. Nun wolten der von zürich schützen geschossen han, do ruofft
der burgermaister, herr ruodolf stüssi, si söltint nit schiessen, es wärint
fründ, vnd liessent ir armbrost wider vas. Also redt man nun do zemal
offenlich vnd fürwar, die aidtgenossen hetten ir bi zwai hundert oder mer
geordnet mit rotten crützen, die vor herin söltint louffen, dass die von zü-
rich söltint wenen, es werint fründ, vnd hettint vornen rotti crütz vnd hin-
dan wisse vnd ain tannhast vnder der gürtel, vnd mainten och die von zü-
rich, dass si die also habint todt funden vnd sig ain ganz warhait. So
redten die aidtgenossen treffenlich darwider vnd mainten, es söllt sich nie-
mer erfinden. Das sig nun oder sig nit, das hab ich also beliben ***).

Also do nun die aidtgenossen herin luffent, da hatten sich die von
zürich fast an ain vnwerlich statt geschlagen. Also knüwoten die von zü-
rich nider***), vnd mainten, si wöltint da fechten. Als si nun wider vff
gestuonden, do stalent si sich hinden ab, vnd huobent an ze fliehen gegen
der statt über die sihlbrugg hinin, vnd wer bass mocht der tät och bass.
Do das die fromen sachent, die gern ir bestes geton hettint, edel vnd vn-
edel, die gern ir lib vnd leben da gewagt hettint, do schruwen si vnd
ruoften inen zuo. Also half da kain ermanen vnd kain ruoffen, die flucht was
in die lüt komen, dass niemant wolt beliben, man manti si vil oder klain,
es wolt niemant geston. Do nun die fromen sachent, die gern ir bestes
geton hettint, edel vnd vnedel, dass die iren also schantlich fluhent, vnd
sich niemant weren wolt, noch bi inen beliben, do muostent si och wichen,
wan do die aidtgenossen die flucht sachent, do wurdent si erst keck vnd
mannlich, vnd wurffen, schussen, schluogen vnd stachent in si. Also welcher
zu sinem pfärit komen mocht, der rait, der das nit mocht, der gieng, vnd
tät jederman als er denn mocht. Also waich ir vff mit enander, mit we-
render hand, die sich mannlich vnd ritterlich werten, die och also an der
wer erstochen vnd erschlagen wurden. Ir ward och vil an der flucht er-
schlagen, die sich nie gewarten. Es ward och vff den selben tag vil alter
lüt erstochen, die hinuss warent gangen vnd luogen wolten, wie es den
iren gieng, vnd on wer giengent, wan si warent durch kains fechtens willen
hinuss komen. Vnd do es also an ain fluchen gieng, do warent si alt
vnd krank, vnd mochten nit gewichen, denn dass si nider ritten, ge-
stochen vnd geschossen***) wurden vnd erschlagen, wan es was jederman
so not ze fliehen, dass niemant des andern kain acht hat, vnd fluchent
och in die statt Also ytten inen die aidtgenossen villicht vff ccc nach
biss vnder das tor, vnd erstachen si och bis an das tor***). Also hat man
nun ze zürich das tor zuo geschlagen vnd die grindel, bis dass die lüt
mord an dem tor schruwent, vnd man das tor mit not vff tät. Also truck-

***) Tschudi nennt es eine schändliche Lüge. Vgl. die Schlacht II. 383 — 386.
Tschachtlan p. 161. Fründ p. 172. ***) nach Sitte, zu beten. ***) gestossen Hü. ***) vnd
erstachen — f. Hü.

ten nun die rechten panner vnd der huff nit hernach, als aber die von zürich wonden, dass si tätint; denn hettint si hernach geirukt, vnd geylt nach dem vnd die flucht vnd der schrek in das volk komen was, so hettint si denen von zürich den grössten schaden getan, der inen je beschach von anfang ir statt, oder kain man je gehört oder gedenken mag, vnd es wär misslich, dass si die statt darzuo abgeloffen vnd gewonnen hettint, wan es was kain wer gerüst. Darzuo hatt man sich sölichs nit versechen. Ir etlich zürich fluhent och in ir hüsser vnd schluogent ir türen zuo, vnd ward ain geschrai in der grossen statt, die klain statt wär gewunnen. Vnd ward also fast ain wunderlicher gewerb ze zürich 348), davon vil ze sagen wär. Also warent nun die edlen vnd die frembden, die von der herrschaft wegen ze zürich lagent, fast erschrocken ab dem gefert, vnd forchten, die von zürich hettint etwas antragen 349) mit den aidtgenossen, vnd weltint inen die statt ingeben, vnd si also da verderben vnd ermürden, wan vormals vnd och aidther offne red vnd kumbd was, die aidtgenossen hettint vil guoter günner in zürich, die dennocht gar gewaltig wärint. Also gieng in denselben zitten vil red vss. Also erstachent nun die aidtgenossen die von zürich vnd die iren bis an das tor. Man maint och, dass ir etlich in dem getreng bis in die statt kämint. Also schoss man dennocht ab den muren vnd ab den türn so fast zuo inen, dass si die todten nit abgeziehen kondent bi der statt, denn dass si ir etlich in die hüsser zugent, vnd si da verzugent, vnd stiessent die hüsser an vnd die todten damit, vnd liessent es alles da brünnen. Also brannten die aidtgenossen alles das hie dissent der sil was gen der statt bis an den graben, vnd wuosten vnd nament alles, das si da funden. Si brannten och desselben mals die kilchen sant steffan ze grund ab, vnd was dar inn was. Si zuntten och die kilchen sant annen an, die verbrann nit ganz. Si trybent och grossen muotwillen vnd frefel in dem closter an seldnow. Si brachent vnd wuostent alles das si funden in dem closter vnd in der kilchen. Also verlurent nun die aidtgenossen och des selben stosses etwa mangen man, wan es was doch etwa manger an der von zürich tail der sich ritterlich wert, frömbd vnd haimisch.

99. Die von zürich müsst die schmach vbel.

It. do nun denen von z ü r i c h die schmach vnd der schad geschechen was, vnd sich die aidtgenossen also nider schluogent bi sant jacob, als ob si sich weltint legen für ir statt 350), vnd si verstuondent vnd sachent dass jederman in der statt erschrocken was, do wurdent si ze rat, vnd gabent dem marggraffen vnd den edlen die schlüssel zuo ir toren vnd den gewalt zuo ir statt vmb dess willen, dass man sächi, dass si from vnd gerecht an dem adel vnd an den frömbden, die da lägin, sin wöltint, vnd ob jeman

---

348) gewerb in der statt Hü. 349) antragen geton Hü. 350) die statt beligen weltint Hü.

gern ütz antragen [351]) welt ze zürich, dass er es dester minder geton vnd
angetragen künd. Also empfalch marggraff wilhelm der landtvogt den
herren vnd den edlen die tor, vnd gab inen och die schlüssel darzuo. It.
er empfalch ain tor dem grafen von lützelstain, ain tor dem grafen von
helfenstain graf ludwigen, ain tor herr burkharten münch ritter, ain tor
hannsen von rechberg. Also hatten die Edlen der statt zürich tor inn
vnd die schlüssel darzuo, vnd richt och jegklicher sin tor mit bollwerk vnd
mit andren dingen nach aller notturfft zewer, wan si verstuonden nit anders
denn dass die aidtgenossen die statt zürich beligen wöltint. Als nun der
adel die statt zürich inn hatt, da was jm kainer ze edel noch ze guot, er
wachet mit sin selbs lib, vnd huoten vnd goumten fast vnd wol tag vnd
nacht, wan si hatten me denn ain forcht. Si forchten die aidtgenossen vor
der statt, si forchten die frömbden puren, die in die statt gewichen wa-
rent, so forchten si och ir etlich in der statt, wan man maint, es wär des
selben mals ze zürich vil lüt. denen die frömbden vnd der adel vberlegen
wär, vnd denen der pund mit den aidtgenossen lieber gesin wär denn der pund,
den si mit der herrschaft von österrich vnd mit dem adel gemacht hatten [352]).

100. Die aidtgenossen warent fraidig worden.

It. als nun die aidtgenossen vor der statt zürich gelagen vnd gewuosten
was si mochten, das korn vff dem sillfeld, vnd der todten gehuoten, vnd
die von zürich kain bottschafft noch gewerb an si taten, vnd man zuo inen
hinuss schoss, vnd man si letzt vnd schadgot wo man kond, do versachent
sich die aidtgenossen wol dass der adel ze stark vnd ze gewaltig [353]) in der
statt wär, vnd dass si nütts guotes me da geschaffen köndint, vnd brachent
also mit enandern uff, vnd zugent hinab gen baden. Also ritten erber
herren vnd stett darunder, vnd hettint gern frid vnd stallung daran ge-
machet; aber die aidtgenossen wolten ganz niemand eren noch folgen, si
woltent die von zürich wuosten vnd die iren schadgen an beden tailen des
zürichsees, vnd och alles ander das gen zürich horte; vnd och rapperswil
woltent si beliggen vnd da wuosten vnd die statt gewünnen, ob si möch-
tint, vnd die schlaizen, vnd wolten also ganz niemant darinn lassen reden
vnd folgen.

It. also hatten nun die von zürich an diser tat verloren, als vorstat, vff
sant marien magtalenen tag an der sill c xlv man, jung vnd alt, frömbd
vnd haimisch, wie man die finden kond, wan man gieng jm aigenlich nach.
Si verlurent och des selben tags ir statt vennlin [354]) vnd etwa mange büchsen,
die si hinuss gezogen hatten, vnd etwa vil schoner pferit verluren die
raissigen.

101. Die se zürich an der sill verloren hand an der von zürich tail.

Der edlen namen, die da verlorn hand: junckher albrecht von buss-

351) einen Frieden vorschlagen. 352) Tschudi II. 386. 387. 353) mächtig Hü. 354) „Ge-
wan Schriber küng von glaris“ Tschudi am Rande.

naug fry, hanns von nüwenhussen, hanns von mettelhussen, vnd villicht vff drissig oder viertzig raissiger ze pferd vnd fremder mit inen.

It. von zürich vss der statt:

Her ruodolf stüssy ritter vnd burgermaister, volrich von lomis, cuonrat mayer pannermaister, truog der von zürich vennli, peter kilchmatter³⁵⁶), der alt hagnower, hainrich vssikon, der stattschriber zürich³⁵⁶).

> *Rura regunt urbes, vulgus clerumque gubernat,*
> *Vnde per ecclesiam plebs cristi vbilibet errat* ³⁵⁷ a).
> *Virtus nobilium debet defendere justum*
> *Ac graue corrigere quem viuere cernit inique.*
> *Non est nobilitas si normas non tenet istas.*
> *Rusticus hec faciens est nobilitate refulgens,*
> *Nobilis est cunctus quem nobilitat sua virtus.*
> *O vos magnates, O gentes queque potentes,*
> *Querite justiciam, rem prauam pellite cunctam;*
> *Gloria famosa seu prosperitas copiosa*
> *Eueniet certe facientibus illud aperte* ³⁶¹ b) ww).

---

³⁵⁶) „der alt" Tsch. ³⁵⁶) Tschudi fügt den Namen Ari „Michel Graf ein böss krott". und bei Hü. eine spätere Hand „meister ellend". Vgl. Chron. II. 385. 386 ³⁵⁷a) erat Hü. ³⁶¹b) Die Verse blos Hü. p. 264.

ww) Anno dni Mccccxliij vf sant marien magdalenen tag do kamend all aidgnossen, vss genomen die von bern vnd solotran, vnd zugend für rieden her jn, vnd die von zürich warend vsgezogen bis zuo den benken, vnd warend vil edler lüten by jnen ze ross, vnd was junkher türing von hallwyl der von Z. houptman, vnd über sinen willen warend si vss der statt zogen. Also woltend die aidgnossen nüt vf die wyti, vnd zugend vnder dem berg hin bis gen wiedikon. Also zugend die von Z. bis zuo sant jacob. Also ordnat der reding von schwytz das coco man namend.an sich roti krütz, vnd kamend zuo den von Z. by sant jacob, vnd wie das was das etlich von Z. schruwend über die selben schwytzer vnd woltend nit gelouben das si zuo den von Z. hortind, vnd woltend si gestochen haben vnd geschossen, also schrai her ruodolf stüssy der ritter jnen zuo: nüt schiessend! es sind fründ. Vnd also kamend si in den huffen des volkes von Z. vnd die aidgnossen kamend her zuo mit gantzer macht. Do schruwend die selben schwitzer mit den roten crützen: fliehend, fliehend! vnd machtend ain flucht, vnd woltand da mit die stett haben jngenomen, vnd fluhend zuo der stett, vnd also ward das volk von der statt verwyset ww¹) vnd ward ain gantz flucht. Vnd also fuogt gott vnd die lieben hailgen, das ain semlich mortlich sach nit für sich gieng, vnd also wurdent der von zürich ol erschlagen vf den tag, vnd kamend die andren aidgnossen hernach, die nit wisstand das mortlich gefert mit den roten krützen, vnd erschluogend vil der von schwitz, die si fundent also mit den roten krützen vf dem weg, vnd also kamend die egemeldend

ww¹) irre gewissen.

Also zugent aber die nidtgenossen ze baden durch vnd an der an-
dern sitten der lindtmatt[358a) aber mit aller macht[358b) vnd gen zürich
heruff, vnd wuostent vnd nament vnd brannten alles das denen von zürich
zuo gehort, vnd zugent gen höngg durch, vnd brannten vnd wuosten da-
selbs vnd obnen bi dem turn, den man nempt den kratt, gen fluntren
zuo, vnd für das nesseltal vnd gen zollikon, vnd brannten aber vnd
wuosten fast vnz zuo dem crütz ze stadelhoffen. Vnd zugent also bi
dem see vff gen küssnach, das was an dem sunnentag nach sant jacobs
tag[359). Also beliben si an demselben sunnentag ze küssnacht vbernacht.

Darnach an dem mentag[360) fruo brachent si ze küssnach uff, vnd zu-
gent den see hinuff, vnd nament vnd wuostent was si funden; doch funden
si nit vil ze nemen, won die lüt hatten das ir fast in die statt geflöchnet,
gen zürich vnd gen rapperswil. Si brachent die türen[361) vnd alles ge-
schmid ab, das si funden, vnd wuosten was si gewuosten[362) konden, vnd

358a) lindmag Hü. 358b) 27. Juli Tsch. am Rande. 359) 28. Juli. 360) 29. Juli. Fründ
p. 181 sagt „am mentag was (Tschudi korrigirte richtig „nach") panthaleons tag", was
Tschachtlan p. 171 Bartholomeus abschrieb. Vgl. Tschachtlan Note. 361) türn Tsch.
362) Hü. hier und oft gewiesten.

schwitzer mit den roten krützen, vnd fundont her ruodolfen stüssy vf der langen
silbruggen, vnd der huob selb ander die brugg jn, dar vm das sin volk in die
statt käm. Also stachend si jn ze tod durch die brugg vf, vnd truogend jn an
sinen rün by sant jacob, vnd huwend jm sinen buch vf vnd nämend jm sin
herts her vss vnd nämend jm sin schwaiss vnd das schmer von sinem lib vnd
salbatand die stifel vnd die schuoch da mit, vnd tatend jm ander gross schma-
chaiten an. Vnd als der stoss vergieng, do zugend si hain mit grossen fröden
vnd mit grosser schand vnd laster, vnd belaib also vil zits das si nit lognotand
der solben roten valschen krützen. Vnd darnach als si hortand vnd sahend das
jnen als vil fromer lüten übel dar vmb rettend, do viengend si an ze lognen;
doch os was so kuntlich, das ir lognen nüts beschoss. Vnd an dem selben vf-
brechen do brantend si was si da fundent, vnd die vorstatt bis an die ringmur
vnd sant steffans kapell verbran, vnd sant annen kapoll ward vss der statt erlö-
schen. Cod. 657 p. 122. 123.

Ze jungst vm sant marien magd. tag do zugent die schwitzer vs für Z. also
zugent die von Z. widor vs mit macht widor si so ross vnd ze fuos, vnd rait
das ross volk vor vnd tätent ain raitzen an die schwitzer ab dem berg an si
vnd trungent (die Schwizer) also vast an das ross volk das si muostent wychen.
Also kam die flucht in si, das si gen der statt fluchent, vnd tätent jnen die
schw. also not, vnd kam ain huf an si an der sylbrug, darob die herren vnd
die von Z. erschrackent vnd floch ainer hin, der ander her, vnd welher bas mocht
der lett bas. Also luffent die schw. bis an das tor, vnd hette der huff glich
nach truckt, si hattent die statt gewunnen. Also ward der herren vnd der von
Z. by cxl mannen erschlagen, vnd verlurent die schw. nit vil vnd behuobent
das veld, vnd lagent da by iiij oder vj tagen vnd brantent die mülinen vnd was
hüser vmb die stat warent. Königsh. Cod. 630 p. 294.

branaten hie vnd dört, besunder was der von zürich was. Also liessent si
denen von dem see fast ir hüsser stan, vmb dess willen dass si dester vn-
williger vnd vngerner in den stetten wärint, vnd dester grosser not vnd
begird hain zuo den iren hettint, vnd dass si ir hüsser geschirmtint, vnd
nit durch ir willen, dass si inen als hold oder getrüw wärint. Also ver-
stuond man das do zemal die krig in den stetten ᵃᵉ³).

102. Die aidtgenossen belagent die statt rapperswil.

Als nun ward des selben mentags vmb den mittentag, kament die aidt-
genossen gen rapperswil, vnd belagent die statt, vnd zugent also die sechs
panner mit ainandern, von glaris, von schwitz, von zug, von lucern, von
vre, von vnderwalden, vnd vil ander die denselben zuo gehorten. Also
maintent nun die aidtgenossen, die von rapperswil vnd die bi inen warent,
wärint ab der tat ze zürich erschrocken, als si och warent, vnd kain ent-
schüttung wissten, so söltin si die statt vffgeben, vnd hatten och die von
schwitz vnd glaris sölichs den aidtgenossen fürgeben vnd in si getragen,
wan die selben zwai ort besonder denen von rapperswil gehass vnd vigent
warent, vnd schuoff es das dass si inen wol gelegen warent. Also wonden
nun die aidtgenossen, man sölt inen die statt rapperswil vffgeben on not
vnd on wer. Also schluogent si feld ver von der statt. Die von vre, von
zug vnd glaris lagent vsswendig der kilchen ze kempraten, hinder dem
büchel, bi dem mayenberg; so lagent die von schwitz vnder der kilchen ze
jonen, vnd in der kilchen, vnd daselbs vm; die von lucern vnd von vn-
derwalden lagent bi der jonen, das wasser vff, also ver, dass man si mit
kainer büchsen von der statt nit wol geraichen noch erlangen mocht.
Also hatten si nun in der statt ain ordnung gemachet vnd verbotten bi
lib vnd guot, dass niemant ain wort sölt hinuss reden mit den aidtgenossen,
vnd schwaig man in der statt tag vnd nacht, als ob niemant in der
statt wär. Die wachten getorsten nit geschrygen noch gerüeffen noch
blassen, als si vor getan hatten. Des nachtes klopfet ain wachter dem
andern, so er lissest kond, vnd hielt man sich also gar still; denn etwa
in dem tag liess man pfiffen vnd prasunen, vnd gesellen die singen kon-
den, liess man beschaidenlich singen. Also gefiel diss schwigen inen nit
allen wol vor der statt. Also behuobent si fast an burdinen von riss ze
machen, vnd truogent die zesamen, vnd hatten also ain gross gewerb.
doch ver von der statt, wan si burgen sich vast; also luffent je etwa
vil knecht vss der statt ᵃᵉ⁴), vnd schalmutzten mit deuen vor der statt,
vnd nament inen die ross in den waiden, vnd trybent si in die statt. Das
taten si also etwa dick. Also nun die aidtgenossen dry oder vier tag
vor der statt gelagent, do hatt si fast frömd vnd vnbillich, dass die in
der statt kain täding noch nüts an si suochten, vnd inen och kainer red
noch täding lossen wolten. Also ward am dornstag ᵃᵉ⁵) nach dem nacht-

---

ᵃᵉ³) Tschudi II. 387. 388. kryg Kriegsparole, Manier. ᵃᵉ⁴) wan si burgen sich —
vss der statt f. Tsch. ᵃᵉ⁵) 1. Aug.

mal, schikten si ir pfiffer vnd trumetter gen der statt, vnd pfiffen vnd bliessen
da. Also maint man in der statt, es sölt ain nachtfryd sin, als denn ritter
vnd knecht pflegent ze tuon, so si ze feld ligen. Aber da am frytag [366])
fruo ward, hatten si der selben nacht ain tarris vor der statt gemacht, vnd
hatten der von schwitz büchsen, die si denen von zürich ze wallenstatt
hattent angewonnen [367]), vnd hatten zwo büchsen in dem selben tarris, vnd
schussen am frytag vast in die statt. Also an dem frytag ze nacht schluo-
gent si aber ain tarris noch nüher der statt, denn der vorder was, vnd an
dem sampstag [368]) fruo hatten die von lucern och zwo büchsen in dem sel-
ben tarris, vnd schussent also genklich mit vier stainbüchsen in die statt
vnd an die muren, vnd trybent das also bi acht tagen bis an dem frytag,
was sant laurentzen aubent [369]). Also benüegt si nit [370]) des tages ze schiessen,
si schussen och nachtes. Also beschachent in die statt drü hundert vnd
zwaintzig schütz von stainbüchsen, on tarris büchsen, vnd ward kain mentsch
in der statt nie geletzt. Wol schussent si die muren nider witter denn
zwai hüsser begriffen hand, vnd wol ain gemach hoch von dem herd, oder
höcher.

Also warent nun die von rapperswil in der statt vnd daruor fast wol
zuo gerüst. Si hatten lüt, kost vnd anders züges genuog, si hatten zwen
büchsenmaister, die och fast hinuss schussent; si hatten och sunst etwa
mangen in der statt, der wol mit büchsen kond, si hatten ir bollwerk vor
der statt gemacht, da si tag vnd nacht inn lagent; si hatten vor der mur
ain zun vnd wer gemacht, das si gen dem selben weder tag noch nacht an
der statt nümer beschlussen. Si lagent och in dem selben zun vnd in
bollwerchen, die si vor der statt gemacht hatten, all nacht vor der statt bi
zwai hundert oder me. Si hatten och vm die statt geschlagen ain igel
scharpff [371]) von aichin stecken, vnd vor den igel vil guoter kegel geschla-
gen. Si hatten och je fuossyssen mit andrem züg ganz zuo dem sturm
gericht, vnd all ir büchsen Also schussen nun die aidtgenossen fast an
die statt, als vor stat, vnd was si nider schussen, das macht man glich wi-
der mit mist vnd mit holtz, vnd achtet man nicht wie fast si schussen,
man machet nüt dester minder, vnd beschach doch niemant nüt, weder
frowen noch man [372]).

Also enbutten nun die vss der statt den aidtgenossen vff das feld, si
hettint grossen kosten mit schiessen, si wöltint hundert guldin nemen vnd
weltint inen die mur als wit abbrechen, als si die abgeschossen hettint,
vnd wissten wol dass si das schiessen me denn tusent guldin kostet hett.
So welten si si des kosten vberheben, dass si dar zuo kämint, vnd durch
die löcher in die statt giengend. Also hettint nun die aidtgenossen das
hertz vnd den willen wol gehept, dass si die statt gestürmt hettint, kön-
din si die lüt han funden, die vor daran gangen wärint. Des selben wolt

366) 2. Aug. 367) genomen Hü. 368) 3. Aug. 369) 9. Aug. 370) nit f. Hü. 371) scharpf
f. Hü. 372) Tschudi II. 388. 389.

niemant lustig sin, wan si ducht, die in der statt weltint sich weren. Vnd warent die von lucern vnd vre vnd ander vnwillig, vnd mainton, die vou schwitz vnd glaris hettint es inen nit also fürgeben, vnd warent och vnwillig vnd vnlustig da ze liggon.

103. Die aidtgenossen sagent als tall vas dem feld.

Item als nun ward an der mittwuchen vor sant laurentzen tag[373]), zugent der aidtgenossen fünf hundert vss dem feld ze rapperswil, vnd zugent für grifl'ense ab vnd in kyburger ampt, vnd nament da ain roub, vnd lagent da ze pfeffikon in kyburger ampt vber nacht, vnd erstachont ir fünf vss dem ampt, vnd verlurent si och etlich. Also hatten sich ze wintertur gesamlot vff xij c man, die si wolten angriffen han. Do kam inen bottschafft von kyburg, die aidtgenossen kämint nit vnd wärint wendig[374]) worden; do man es hin widerumb gen wintertur enbott, dass si ze pfäffikon lägint, do was es ze spat[375]).

Also wissten nun die ze rapperswil in der statt ganz nüt was man vor der statt tráib, vnd ob ir wenig oder vil vor der statt was. Si verburgen sich fast, wan gar wenig was ir die sich öugten[376]). Vnd wissten och gantz nit, dass niemant kain täding traib, oder jemant vm kain fryd redt, wan si wolten in der statt kainen täding lossen, noch niemant von den sachen hören, vnd kam inen och in den selben zitten, als lang die aidtgenossen vor der statt lagent, kain bottschaft nie, weder von herron noch von stetten, noch von niemant.

104. Der bischoff von costentz redt darunder.

Also hat nun der bischoff von costentz vnd ander herren vnd stett darunder gerodt, als vorstat. Da wolten si von kainom frid hören. Also warent dennocht bi inen in dem feld vor rapperswil der appt von ainsidlen[377]), fridrich von heweu, des bischoff von costentz bruoder[378]), vnd ander des bischoffs rät, vnd redten darunder, vnd machtent ain fryd als hienach etwas[379]) geschriben stat daruon, vnd macht der marggraff vnd die von zürich disen fryd mit den aidtgenossen, als si vor der statt rapperswil lagent, dass die in der statt[380]), klain noch gross rät, nié darum gewissten. Als nun ward an dem frytag ze nacht, das was an sant laurentzen subent[381]), kament der abbt von ainsidlen, fridrich von hewen vnd die den fryd gemacht hatten, ze rapperswil an das tor, vud begerten also, dass man si in die statt liess; si hettint mit inen ze reden, das inen der marggraff enpfolhet hett. Also saiten si inen von dem fryd, dass si den gemacht hettint bis zu sant jörgen tag[382]). Also erschrak jederman in der statt, jung vnd alt, frowen vnd man, vnd fluochet man inen

---

373) 7. Aug. 374) d. h. andern Sinnes. Tsch. verschr. „ir wenig". 375) Tschudi II. 392. Königsh. 630 p. 293. 376) zeigten d. h. ze oigten, von „oug", Auge. 377) Rudolf. Graf von Mosax. 378) Der Bischof hiess Heinrich. 379) etwa vil davon Hü. 380) Zürich. 381) 9. Aug. 382) 23. April 1444. Königsh. p. 630 p. 395.

vnd schalckt [863]) si, wer si des fryds gebetten hett. Also getorsten si morndes [864]) nit wol vss der herberg [865]) komen, denn dass si der hoptman belait, vnd muosten dennocht vil bösser wort inlegen vnd hören, vnd getorsten dennocht nit sagen wie der fryd gemacht was. Si sprachen, der marggraff wurd si es wol lassen wüssen, denn hett man die mär aigenlich gewisst, man könd si kum geschirmpt han.

Also nun ward am sampstag, das was an sant laurentzen tag fruo vor tag, da huoben si an ze rapperswil das feld schlissen vnd abziehen, vnd fuorent vber den see vnd tribent es vnz vmb vesper zitt.

Also warent die von rapperswil bass gemuot die wil die aidtgenossen vor inen lagent, denn do si enweg zugent, wan si hatten muot gross er ze bejagen vnd allen irn schaden ze rechen, wan si wissten nit anders, denn dass die aidtgenossen die statt stürmen weltint. Darnach hattent si sich och ganz vnd wol gerüst, vnd was jederman darzuo willig vnd muotig.

It. die frowen in der statt klagten och fast, dass die aidtgenossen vagezwagen [866]) also dannen schieden, vnd si inen die loug vmb sunst gemachet hatten, wan es was selten kain tag die frowen betfint xx oder xxx aimer süttige wassers, damit si inen weltin gezwagen [867]) han, wärint si an die muren komen [868]).

Man sol wissen, dass die aidgenossen die statt ze rapperswil belagen vff den nächsten mentag nach sant jacobs tag anno dni Mcccxliij vnd was sant jacobs tag vff den dornstag gesin, vnd lagend vor der statt bis vff sant laurencien tag, vnd ward nie kain mensch wund noch erschossen in der statt, denn ainer ward vor der statt erschossen an dem schalmützen; den brachtend si denocht in die statt vnd lept biss an den dritten tag, hiess hans von tann.

It. die vischer vss der statt vischoten nüts dester minder, vnd hatten die aidgenossen bi xij schiffen vff dem se oder me; die lagend in der vffnaw vnd daselbs vmb, vnd huotten, dass denen von rapperswil nüts vff dem se zuo gieng von zürich.

It. die frowen giengen vss der statt in ir garten krütren. Man sol ouch wissen, dass die aidgenossen vor der statt alles das gewüest hatten, hew, korn vnd anders, vnd die guoten böm, die hüpschen zwy alle verderpt vnd inen die rinden abgeschunden.

It. wie vil frömder lüt ze rapperswil in der statt was, da si gelegen waren, die stand hienach mit namen verschriben.

It. ludwig mayger houptman, hans mayer sin vetter, volrich von zässingen, stoffel von schönenberg. hans zerin von tann vnd etwa uil raissiger vss dem elsäss, von tann, altkilch, seinhein, bi lx schützen.

It. von fryburg vss dem brissgew har hans von landegg ritter, her hans bernhart schnewli ritter, andress bosenstein, der von fryburg hopt-

---

863) schalt Hü. 864) 10. Aug. 865) den herbergen Hü. 866) ungewaschen. Goth. twahan, schweiz. noch zwagen. 867) zwagen wolten han Hü. 868) Tschudi II. 389.

mann, hans von bolsenhain von brysach, hans rottwil von fryburg, hatten sechs vnd zwainzig pfärt vnd l schützen ze fuoss.

It. die von vilingen viertzig schützen.

It. die von dem hoff ze stäfi mit lxx knächten, die von mänidorff vnd ander ab dem zürichse hatten ouch etwa uil redlicher knächt. It. es was ouch etwa uil vss grüninger ampt vnd anderswa her, wannen si denn waren, dass man lüt ain guot notturfft in der statt hatt. Also da der frid erst gemacht ward, gieng ir ain guot tail die vss grüninger ampt waren, hain, vnd schwuoren ouch den aidgenossen.

Also ward diser nach geschribner frid gemacht, diewil die aidgenossen ze rapperswil vor der statt ze feld lagend, dass es die von rapperswil noch kainer in der statt nie gewisst, weder klain noch gross, weder hoptman noch ander.

Also macht marggraff wilhelm vnd ander von hochberg, der herrschaft lantuogt vnd die von zürich disen frid mit den aidgenossen an rat vnd wissen ander stett, die doch ouch in dem krieg waren vnd ir lib vnd guot wagten, vnd gern ir bestes geton hettind[289]).

105. Item ain frid ward gemacht ze rapperswil im feld, hiess der elend frid[290]).

It. also macht bischoff hainrich von hewen bischoff zuo costentz, ain fryd, der söllt wären als von jetz, sant laurentzen tag, bis sant jörgen tag nächst künftig nach dem vnd der anlass inn hielt, vnd hiess der elend fryd, wan er ward nit fast trüwlich noch redlich gehalten[291]).

106. Die von basel, von bern vnd solotarn widersaiten der herrschafft von österrich.

Als nun diser fryd beredt vnd gemacht ward, vnd die aidtgenossen abzugent ze rapperswil vff sampstag, was sant laurentzen tag[292]), morndes an dem sonntag[293]) widersaiten die von basel, von bern vnd von soloturn der herrschaft von österrich, vnd laiten sich mit aller ir macht für die statt ze loffenberg. Nun hatten die von bern vnd von basel ir gross büchsen vnd ander ir züg mit inen genomen, vnd laiten sich die von bern gar nach zuo der statt, vnd schussen fast an die muren, dass ir ain michel tail nider fiel. Dess gelich och die von basel schussent ain wit loch an der mur. Also rusten si sich fast zuo vor der statt mit allen dingen, dass si je mainten die statt ze gewünnen. Also was nun vil herrlicher lüt in der statt, graffen, herren, ritter vnd knecht, das die statt wol besetzt was mit kost, lüt vnd züg, vnd kam man och zuo inen vnd von inen, wenn man wolt. Also schalmutzten die vss der statt etwa dick mit denen vor der statt, vnd hettint denen von bern gern ir büchsen abgeloffen oder vnwerhafft gemacht, vnd versuochten das so dik, dass si denen von bern me denn sechtzig man erschussent vnd erstachent, vnd huotent si sich allweg,

---

289) Alles von „Man sol wissen — hettind" bloss bei Hü. 290) Rubrik fehlt Hü. 291) Tschudi II. 391—395. Fründ p. 182. Tschachtl. 171. 292) 10. Aug. 293) 11. Aug.

vnd was ir ordnung so guot, dass inen nünts beschach. Si erschussent och denen von bern ir büchsenmaister vnd ander, die da vor tail tuon wolten vnd sich für butten. Aber der von basel ward nit mer denn ainer erschossen, denn si huotent sich, vnd kament nit hinzuo; wol erstickten der von basel zwen oder dry in dem harnasch, ee ob si wider haim kament.

It. man schatzt das ze loffenberg in der statt wärint drü hundert guoter ritter vnd knecht. Hoptlüt warent graff ludwig von helffenstain, herr burckart münch ritter, herr syfrid von fänningen ritter.

Also lagent si ze louffenberg mit macht vor der statt bis vff sant bartolomes aubent, was an ainem frytag[294]). Darzwüschent gieng vil für, das hie nit geschrieben ist.

It. darunder redt[295]) der bischoff von basel[296]), graff hanns von tierstain, ruodolf von ramstain fry, vnd machten ain fryd vnd ain richtung daran, dass si sölten abziehen, vnd sölt man inen x tusent guldin geben.

Nun ward dies richtung von dem adel in der statt mit den aidtgenossen gemacht, dass si die burger noch gemaind in der statt ze louffenberg nie liessent wissen noch si nie gefragten.

107. Der küng verschraib den von bern, basel vnd soloturn.

Also kam nun dem küng bottschafft, wie die von bern vnd basel vnd von soloturn dem huss vnd der herrschaft von österrich abgesait hettint. Vnd also schikt er jetlicher statt, basel, bern vnd soloturn, ain bottschafft.

It. der küng verschraib denen von bern, basel vnd soloturn, vnd bott inen in krafft des selben brieffs bi verlierung aller ir gnaden, frybait vnd priuilegia, so si von dem hailgen rich hattent, dass si ze stund nach angesicht diss ir absag vnd vigentschafft gen dem huss österrich vnd jm ab tätint, vnd sich des recht bietens, so er vormals geton hatte, benüegen liessind.

108. Die aidtgenossen warent absagen.

Nun warent aber die von basel, von bern vnd ander aidtgenossen abzogen ee ob der brieff kam, als vor stat. Man kond och darnach nit erkennen, dass si vil vff diss geschrifft gebint, denn si tröwtent darnach erst fast, vnd maintent, si weltint für seckingen ziehen, vnd muost man erst täding an die von basel suochen, vnd tuon das si wolten, zuo guoter mass[297]).

In disen zitten ducht nun die aidtgenossen vnd ander, die es mit inen hielten, dass inen so wol gelungen wär, dass niemand mer wider si möcht noch tät. Das was ain offne red in der gemaind vnder inen, vnd hielten also nünts vff den küng. Das bewiesten si dik mit worten vnd och mit wercken; wenn si es vor inen hatten, mainten si och, es sölt also hindurch

---

294) 23. Aug. 295) raitt Hü. 296) Fridrich ze Rhyn. 297) Tschudi II. 395. 396.

gan, als es och in den tagen den gang hett, wan si empfunden noch
sachent kainen widersatz von dem küng, von fursten, herren noch von stet-
ten; wie vil man hilff vnd trostes zuo gesagt hat von dem küng, von den
curfürsten vnd von andren fursten vnd herren, so empfand man doch ir
hilff wenig bis har. Darumb so muosten sich die trucken vnd liden, vnd
vil für lassen gan, die es mit dem küng vnd der herrschafft hatten.

109. Die von zürich, rapperswil vnd wintertur schikten zuo dem küng.

Also schickten nun die von zürich, von rapperswil, von winter-
tur zuo dem küng gen österrich, vnd klagten dem wie es inen ergangen
wär, vnd wie inen die aidtgenossen gewalt vnd vbertrang tätint, vnd er-
manten den küng siner gnaden vnd dess so man inen versprochen hett,
dass si sinen küngklichen gnaden wol getruwten, vnd erzalten also dem
küng ains vnd das ander. Also antwurt der küng, dass si from vnd red-
lich an jm vnd dem huss von österrich wärint, als er inen dess wol ge-
truwte, so wölt er inen trostlich ze hilff komen, vnd trost si also der küng
wol ³⁹⁸).

Also hatten nun die aidtgenossen die veste, das stettli vnd das ampt
ze grüeningen inn mit gewalt, als si das och gewonnen hatten, vnd
mainten je, inen müesstint alle die schweren, die in den hochgerichten
sässint ze grüeningen, si wärint edel oder vnedel, si wärint aigen oder was
si denn wärint, dess huss ze buobikon, des closters ze rüti, niemant vsge-
genomen, wer in den hohen gerichten säss, die gen grüeningen gehorten,
die müesstin och den aidtgenossen schweren, das doch vor nie gehört noch
beschechen was, weder bi der herrschaft noch bi der von zürich zitten.
Also butten si inen recht für den bischoff von costentz, der och den fryd
beredt vnd gemacht hatt, vff die von bern, von soloturn, die och des krie-
ges vnd ir aidtgenossen waren. Also wolten si kaines rechten ingon, si
mainten je ³⁹⁹) si müesstin inen schweren oder si wöltin si darzuo halten vnd
zwingen. Also wichent etlich edel, die es nit tuon wolten, von ir vestinen:
Caspar von bonstetten von uster, albrecht von landenberg von wetzikon.
Also trangten si ir vil ze schweren, von wetzikon, von kempten, von be-
reswil, von vater vnd ander, die vor kainen herren noch vögt ze grüenin-
gen nie geschworen hatten, noch kainer ir vordren. Si redten och mit ir
etlichen, dass si inen nun ⁴⁰⁰) schwüerint, si weltint si wol schirmen vor
iren rechten herren ⁴⁰¹).

110. Die von schwitz schluogent den von rapperswil kouff ab.

In disen tagen schluogent die von schwitz denen von rapperswil
kouff ab, vnd verbutten allen iren, dass denen von rapperswil niemant nüts
zuo füerti kainerlai ding, vnd muosten die von grüeningen vnd wer in dem
ampt was, das ir was si hatten, das si verkouffen wolten, in die march, gen

---

³⁹⁸) Tschudi II. 307. ³⁹⁹) si mainten je f. Tsch. ⁴⁰⁰) nur. ⁴⁰¹) Tschudi cit.

lachen vnd gen vtznach ze markt füeren, vnd weder gen rapperswil noch gen zürich, wiewol es in ainem fryd was.

It. die von schwitz hatten och allen den iren verbotten zuo den ainsidlen, in der maroh, zuo pfeffikon vnd in den höffen, dass niemand gen rapperswil torst komen, weder ze markt noch sunst, denn er muost vrlob an sinen obren nemen [402]).

Als in disem zitt vff ain sunnentag was sant simonis vñd sant judas aubent [403]) der zwölffbotten [404]), anno dni Mccccxliij hatten die von schwitz die die von grüeningen von der aidtgenossen wegen inne hatteat, dem hoff ze steffi [405]) tag geben zuo der kilchen ze steffi, vnd inen allen ain sicher gelait, wan ves demselben hoff hat ir kainer dennocht den aidtgenossen geschworen. Also redten si mit inen, dass si den aidtgenossen vnd zuo dem huss gen grüeningen schwüerint; si sechint doch wol, dass es nit anders sin möcht, denn wöltint si es nit mit lieb tuon, so weltint si inen lib vnd guot nemen. Also schwuor ir ain tail, doch der mertail wolt nit schweren, vnd wichent gen zürich vnd gen rapperswil.

It. si wolten och kainen zuo inen lassen schweren, der vor burger ze zürich was, er geb denn vor sin burgrecht uff.

In disen zitten schwuorent och ir vil die gen zürich gehorten, vnd in den emptern sesshaft warent, so die von zürich inngehept hatten, den aidtgenossen, die sich vor in dem krieg enthalten hatten, vnd schwuorent darnach in dem frid zuo den aidtgenossen, vnd (insonders) [406]) fast vm regensperg vnd daselbs vm vnd anderschwa da, als die von zürich zuo muosten schwigen. Also gieng in den selben tagen vil wunders vnd seltsmer sachen vnd löuff für, davon vil ze schriben vnd ze sagen wär.

An dem nächsten sonnentag nach aller selen tag [407]) anno dni Mccccxliij hat aber der marggraf ain tag ze wintertur mit den edlen im turgöw vnd andren, mit wintertur, diessenhoffen vnd rapperswil, vnd maint, wär es sach dass der küng vnd die herrschaft von österrich nit anders zuo disen dingen tuon vnd sechen wölte, vnd die iren also weltint lassen vertriben vnd vndergan, so wär der adel im elsäs vnd daselbs vmb vnd alle der herrschaft stett vnd er mit inen ains worden, dass si sich je des gewaltes weltint weren vnd dem widerston, vnd weltint sich also halten zuo dem hertzogen von burgundi, der welt inen och trostlich vnd mannlich ze hilff komen, vnd weltint och vff sölich mainung dem küng ain treffenlich bottschafft tuon, türingen von hallwil. Also gefiel diss mainung dem adel wol vnd andren. Die von rapperswil hatten kain gewalt, daruff ze antwurten, si welten es gern hain an die iren bringen; doch si getruwtint dem küng vnd der herrschafft von österrich wol, si liessint si nit also vndergon. Si hettint es vmb kain herrschafft verschuldt, vnd in der herrschafft von österrich dienst lieb vnd laid gelitten, das weltint si och noch gern lyden [408]).

It. in der nächsten wuchen nach sant gallen tag [409]) ist ain tag gelait

402) Tschudi cit. 403) tag Hü. 404) 27. Oct. 405) Stäfa. 406) Tschudi Chron. II. 402, 407) 3. Nov. 408) Tschudi cit. 409) 20. Oct. Tschudi II. 397—402.

gen rinfelden zwüschent der herrschaft von österrich stett vnd denen von basel. Also hattend die von basel bi inen vff dem tag die von bern, soloturn, lucern, schwitz vnd vnderwalden vnd ander aidtgenossen; an dem andren tail hattens marggraff wilhelm von hochberg, der herrschaft von österrich landtvogt, vnd bi jm ritter vnd knecht vnd ouch etlich von der herrschafft stett. Also klegten die von basel, wie hanns von rechberg die iren gefangen vnd geschätzt hett vnd si durch die statt ze louffenberg gefüert hett[410] vnd bekriegt; si wärint anders dahin[411]) nit gezogen. Also hatten si nünzechen artikel wider der herrschaft stett von rapperswil, louffenberg, seckingen, ensesheim, nüwenburg, brysach etc. Die selben artickel erzalten si, der doch etlich gnuog spottlich warent, besonder die si zuo denen von seckingen hatten. Der ander artickel, so si zuo den stetten hatten, lass ich also beliben. Vnd erklegten also vil schantlicher torlicher artickel vor dem hailgen concilium von basel, cardinel vnd ander bischoff, der bischoff von basel[412]), graff hanns von tierstain, ruodolf von ramstain fry, die och den fryd gemacht hatten ze loffenberg zwüschent der herrschafft vnd denen von basel, bern, soloturn vnd den iren. Also ward es gericht vnd gefrydet nach der von basel willen, vnd muost der landtvogt vnd der herrschafft stett fryd vffnemen wie man wolt. It. die von seckingen muosten den schilt, den si den von basel vor zitten abgewonnen hatten, gen basel für den rat tragen, vnd si bitten, dass si inen das verzigint, dass si ir gespottet hatten[413]).

In disen tagen gebuttend die von schwitz in allen kilchen, da si dann ze gebieten hatten, hettint die von rapperswil jemant kain vnzucht erbotten mit worten oder mit werken vor dem krieg, wie sich das gemacht hett, der sölt zuo inen komen vnd sagen bi geschwornen aiden, dass sich die von schwitz dester bass verantwurten köndin vnd die von rapperswil verunglimpfen.

It. aber bald nach wienächt vmb den zwölfften tag anno dni Mccccxliiij laisten aber die aidtgenossen ain tag ze lucern, vnd wurdent ze rat, was si vff dem tag ze baden fürbringen weltint, vnd ordneten da ir reder vnd ander sachen.

It. diser tag ward abgeschlagen vntz vff mitt vasten[414]).

It. aber bald nach wienächt vmb den zwölfften tag in obgemeltem jar[415]) nament die ze grüeningen lagent, von der aidtgenossen wegen, die veste ze griffenberg haimlich in, wan es was niemand in der veste, vnd wondent, si söltin guoten fryd han, vnd wussten sich nit ze hüeten.

It. si hatten ze wort, es läg in den bochen gerichten, die zuo der herrschafft ze grüeningen gehort, vnd weltint den aidtgenossen nit schweren[416]).

---

410) vnd si durch — f. Tsch. 411) Vgl. Tschudi cit. 412) cardinal vnd ander — von basel f. Hü. 413) Weisser Raum bei Hü. 414) Blos bei Hü. 415) It. vff thymothei appli nach wichnacht anno 1444 Hü. 416) Tschudi II. 405.

III. Die aidtgenossen widersaiten aber gemainlich der herrschafft von österrich vnd denen von zürich.

Nun was in disen zitten dem marggraffen von rötteln das land ganz empfolhen von dem küng, das der herrschafft von österrich was, wan er was derselben herrschafft landtvogt, als vorstat. Nun huob sich der krieg an, als vor stat, vnd widersaiten die von schwitz der herrschafft von österrich, och denen von zürich, vnd machten die sachen fast anders denn si aber angeschlagen vnd angesehen warent. Also lag nun der marggraff ze zürich, vnd schraib fürsten, herren vnd stetten vnd andren, davon vil ze schriben vnd ze sagen [417] wär. Also besonder so schickt der marggraff zuo dem hertzogen von burgundi ain ritter, hiess herr peter von mörsperg [418], vnd muotet also dem hertzogen zuo von des römschen küngs wegen, dass er den aidtgenossen sin vindtschaft sait. Vnd vierzechen tusent hatt er der schinder [419] bi enandern, vnd der küng von franckrich och als vil, dass si die selben zesamen liessint ziehen vff die aidtgenossen, so wölt er inen der herrschaft von österrich stett, schloss vnd land vfftuon. Och begert er siner ritter vnd knecht, vnd erzallt och also derselb ritter dem hertzogen von burgund, wie die aidtgenossen die herrschaft von österrich bekriegten wider gott, er vnd recht, vnd wie der küng vnd die herrschafft jetzt in den landen nit wär, vnd anders das jm empfolhen was.

Also antwurt der hertzog von burgund disem ritter, inn dücht diss muotung gross an dem marggraffen. Er sprach och, dass die aidtgenossen ir treffenlich bottschafft bi jm gehept hettint, vnd jn also gebetten vnd ermant hettint, dass er ir gnediger herr wär, als er vor je geton hett, vnd si also in fryden vnd vber si nit zug noch sie bekriegti, so weltint si jm helffen, wo er ir bedorfft, niemandt vssgelaussen. Doch kerte er sich nit daran, welt vnser aller gnedigoster herr, der römisch küng, jm lihen, als ander sin vorfaren geton hettint, vnd och die herrschafft zuo lützelburg [420], da er getruwte recht zuo ze haben, so welt er jm mit sin selbs lib helffen tämmen vnd nidertrucken vnd dieselb helffen nider legen, die sölichen muotwillen vnd frefel wider gott, eer vnd recht tribint vnd lang getryben hettint mit der herrschafft von österrich vnd wider allen adel, vnd welt och dem küng ganz dar inn ze willen werden, vnd darvon nümer gelassen, bis dass der puren gewalt vnd vberbracht [421] zertrennt vnd vertryben wurd etc. Vnd wär dem römschen küng sölichs ze willen, so möcht er inn lassen wissen, so welt er sich also enthalten vnd darnach richten. Also rait der ritter mit der selben bottschafft gen zürich zuo dem marggraffen. Nun was es eben in dem zit, dass die aidtgenossen in dem feld warent vnd fast oberhand hatten, vnd hatten in den selben tagen [422] grücningen ge-

---

417) ze sagen vnd ze schriben Hü. 418) schon 13. Juni 1443. Tsch. am Rande. 419) ecorcheurs, Armagnaken. 420) Luxemburg, Reichsland. 421) prächten schweiz. prahlen, daher „Prachthans". 422) 16. Juni 1443.

wonnen, vnd zugend wider ab. Also schikt nun der marggraf den selben ritter mit diser bottschafft gen österrich zuo dem küng, vnd empfalch jm och das vnd anders ze werben, vnd dass dar inn kain verziehen wär, wan es wär zit, man bedorfft des küngs hilff vnd trost, welt er echt [423]) sin lüt, stett vnd schloss beheben. Also rait nun diser ritter von zürich in der näohsten wuchen nach pfingsten [424]) anno dni Mccccxliij vnd kam erst harwider vierzechen tag vor wienächt, vff conceptionis marie [425]), vnd was jm doch empfolhet, dass or diss sachen on alles verziehen werben vnd enden söllt. Also ward diser antrag vff dasselb zit ganz gesumpt, wan dem hertzogen von burgund kam kain bottschafft von dem küng, als er wartet vnd verlassen [426]) hat [427]).

It. diser ritter versprach sich damit, dass er lang kranck vnd siech gelegen wär, dass er weder ritten noch goo mocht.

It. nun ist diss die werbung, so dem selben ritter, herr potern von mörsperg empfolhet ward von dem küng vnd von sinen rätten an den marggraffen von röttlen, an die von zürich vnd von rapperswil:

Zum ersten sagt inn vnsers allergnedigosten herren, des römschen küngs gennde. Darnach begert dass si sinen küngklichen gnaden nicht mergken sölichen verzug, so in disen sachen vntzhar beschechen ist, wan sin küngklich gnad das in dehain vngenaden nicht geton, sonder gehofft hat, die sachen wurden in ain bessern stand komen vff sölich bottschafften, so sin küngklich gnad durch fursten vnd etlich von stetten von der sachen wegen gen zürich geton hett. Syd aber sin küngklich gnad jetz namlich vernomen hab, dass sich die sachen frömdlich machen, hab sin künklich gnad [428]) gedacht jn ze hilff vnd ze trost ze komen, vnd hab daruff entlechnot vier tusent rinischer guldin von vch, die ir dem marggraffen onuerziehen willig seyt zuo antwurten. hinfür vff den krieg ze legen. Och hab sin küngklich gnad von der vnd ander sachen sin treffenlich bottschafft geschikt hinuff an die etsch, den bischoff von kiembse, herr hannsen von nittberg, herr ruodolfen von tierstain, siner gnaden rät, vnd herr jörgen fuchsen hoffmarschalck, den er empfolhen hab, mer geltes vff ir schlösser oder in ander weg vff zebringen, als maist vnd si mügent, vnd dem marggraffen vff den krieg das zuo schicken vnd zuo antwurten. Och so si sin küngklich gnad in willen, in kürz [429]) selb hinuff zuo fliegen oder sin treffenlich bottschafft hinuff zuo tuon, die sachen nach dem besten vnd fuogklichisten für hand ze nemen. Och so hat man geschriben herr jacoben truchsässen, sich ze fügen zuo den ogenannten räten in das intal, mit den man och reden wirt, weg zuo gedencken. damit gelt vfgepracht [430]) werde. Daruff ist vnsers aller gnedigosten herren des küngs begeren, in den sachen das best vnd flissigost ze tuond, damit siner küngklichen gnaden stett vnd schlösser in der vigent

[423]) irgend. [424]) „am Mentag vor *corporis Christi*" Chron. II. 361, am 17. Juni. [425]) 8. Dez. [426]) verabredet. [427]) Tschudi II. 379. 380. [428]) jetz namlich — gnad f. Tsch. [429]) in kurz f. Tsch. [430]) angebracht Hll.

hand nit kament noch gebracht werdent. Sagent inen och was vnser aller gnedigester herr der küng gen burgundi, gen franckrich vnd an ander end durch vcb verbottschafft vnd zuo handlen empfolhen hat, vnd ermanet si och darnff, das best vnd das trüwist in den sachen ze tuon, als inen sin küngklich gnad getruwet, so wil sin küngklich gnad je den sachen nach gedenken, damit inen hilff vnd bistand vollenklich vnd trüwlich geton werd. Sagt inen och wie sin küngklich gnad geschriben hab dem hertzogen von burgund, den curfürsten, den von basel, den von bern vnd denen von soloturn[451]).

It. diser herr peter von mörsperg ritter hat och desselben mals von dem küng vnd der herrschafft österrich verpfendet die herrschafft pfirt vnd dattenriet vmb vier tusent guldin, die er och versprochen hat vff den krieg ze geben, als ob stat.

Also warb jederman sin ding vnd giengent die sachen niemant als grundtlich ze hertzen, als aber notturfftig gesin wär, denn allain denen die och an dem hatz lagent. Darum gieng es in den zitten als es mocht.

Also hat der bischoff von costentz baiden tailen tag gesetzt, der herrschaft, den von zürich vnd den sidtgenossen, als es vor in dem fryd beredt vnd betädinget was, gen baden. Vff sant agthen tag[452 a]) ze nacht söllt jederman an der herberg sin, anno dni Mccccxliiij.

It. es kamen gen baden aller sidtgnossen botten on glaris.

It. es kament darzuo von der herrschafft von österrich wegen: des ersten marggraff wilhelm von hochberg, der herrschafft von österrich landtvogt, herr wilhelm von grüenenberg ritter, herr peter von mörsperg ritter, türing von hallwil, wernher von stouffen, herr hainrich schwend ritter vnd vogt zuo kiburg, hanns von geroltsegg, hanns volrich von massmünster.

It. darzuo warent vil herren, gaistlich vnd weltlich, vnd burger von zürich, von rapperswil, von wintertur, von friburg vas brissgow, von louffenberg, von waltshuot, von seckingen.

It. diss sind die botten, die der herrschafft vnd denen von zürich zuo geordnet vnd geben sind von den richstetten: des ersten von ougspurg volrich rechlinger, von nürenberg berchtold von komer[452 b]) von esslingen, von oostentz, von schaffhusen, von lindow, von sant gallen, von rinfelden, von memingen.

It. dess gelichen wurdent den sidtgenossen och botten zuo geben von den obgenannten stetten.

It. da warent och vil herren, ritter vnd knechten, die da lossten, wer glimpf oder vnglimpf hett.

It. in disen obgeschribnen tagen kam nit vil guots, vnd ward allweg bösser vnd nydiger dann vor. Darumb ich daruon nit vil schrib.

451) Wörtlich aufgenommen in Tschudi II. 403. 452 a) 5. Febr. 1444. Der Tag wurde indess vom Bischofe verschoben auf den 22. März. Tschudi II. 405. 452 b) kamar Hü. Fründ und Tschachtl. komer.

It. da buttend der herrschafft machtbotten recht vff curfürsten vnd jegklichen insonder, gaistlich vnd weltlich, vnd insonder vff all fürsten in tütschen vnd weltschen landen, vnd vff das concilium ze basel, vnd vff diss nachgeschriben stett: ougspurg, nürenberg, vlm, nördlingen, costentz, rauenspurg, vberlingen, strassburg, colmar oder schlettstatt, vnd vil ander glicher billicher recht wurden da für geschlagen, dess gelich och von denen von zürich, deren die aidtgenossen en kains ingon wolten [433]).

> *O gens peruersa, tantum tibi prosunt arma bohemi*
> *In jus imperii, quantum sine remige remi.*
> *O gens, super alta cor tuum posuisti,*
> *Et si forte cades, fies welut ante fuisti.*
> *Diues es, idque dat ex multis collecta rapina,*
> *Et tuus ascensus nunc est plerisque ruina.*
> *Sed tibi pro uero dico cunctisque tyrannis,*
> *Quod non est mundi durabilis ulla tyrannis;*
> *Et qui vim multis malus infert, vim patietur,*
> *Penaque multociens culpam condigna [434]) sequetur.*
> *Viribus vnde tuis nimium confidere noli,*
> *Nec, si mane rubet, idcirco credere [435]) soli.*
> *Nam te [436]) verbis aquile nisi culminis imperialis,*
> *Jura recognoscas, sternet pernicibus alis;*
> *Et nisi reddideris illi detracta uel isti,*
> *Per vim cogeris ea reddere que rapuisti:*
> *Ergew et quam plura violenter de pligando [437]).*
> *In spos domini ruis ut saul ense nefando,*
> *Nec scelus excusat jnjuria, quam tibi dicis*
> *Illata, cum facta sit a laicis inimicis,*
> *Et non effugies [438]a) si queras inuia saltus.*
> *Immo gens non sperne nec dedignare subesse,*
> *Quem deus ecclesie statuit prodesse preesa.*
> *Romane virtus aquile tua cornua [438]b) frangit,*
> *Te deuastabit [439]) variisque laboribus angit [440]).*

112. Der krieg gieng wider an. Wie man sich ze rapperswil hielt.

M Anno dni Mccccxliiij an sant jörgen tag [441]) gieng der krieg wider an mit der herrschaft von Österrich vnd den aidtgenossen [442]).

It. es was vil lüt die ze rapperswil in der statt warent, des ersten diss edlen: ludwig meyer hoptman, herman waldner, volrich von zässingen, hanns ze rin [443]) des hoptmans schwager, hanns meyer des hoptmans vetter,

---

433) Ausführlicher Tschudi II. 405 — 410. Fründ p. 191. Tschachtl. 181. 434) condignam Hü. 435) credico Hü. 436) (sic). 437) (sic). 438 a) effugiens Hü. 438 b) cor una Hü. 439) deuastibit Hü. 440) Die schlechten Spottverse auf die Schweizer bloss Hü. Darauf leerer Raum. 441) 23. April. 442) Fehlt bei Hü. wo der Eingang überhaupt verschrieben ist. 443) rein Hü.

hainrich von fryessen, vnd etwa vil raissiger knecht bi inen, dass der hopt-
man bi jm an dem hoff hat ob viertzig personen oder bi fünfzigen.

It. es warent och soldner vnd fuossknecht in der statt hundert vnd
zwainzig, der was ain tail och die von bremgarten gewichen warent mit
wib vnd kind, hainrich von hünenberg vnd ander von bremgarten, bi
achtzigen 444).

It. denen allen gab die herrschaft von österrich sold.

It. es warent och bi xxx ab dem zürichsee, von ottikon, steffan, von
mänidorff, vrikon etc. ze rapperswil. Nit mer frömbder was in der statt.

It. zwen büchsenmaister.

Nun hat die herrschafft von österrich von elsäss gen rapperswil ge-
schafft vff viiij c stuck an korn vnd och etwa vil gelts, damit man die sold-
ner vssrichti. Das selb korn kam den von rapperswil gar wol.

It. do nun der selb krieg an gieng, darnach bald brachent die schwitzer
denen von rapperswil ir bäch vnd brünnen ab, dass si nit me gemallen
konden. Also hatten die von rapperswil ain rossmülli vnd ain handmülli
vff der burg, die si vor in den kriegen gehept hatten. Also darnach mach-
ten si dennocht zwo müllinen in der statt, vnd gruobent ain brunnen, vnd
muolen also von hand vnd mit rossen. Also was gross arbait mit malen
nacht vnd tag mit rossen, mit mannen vnd frowen, wib vnd kind; wer lüt
mocht haben, die die mülli zugent, der muol vm sunst, wer aber muost
lonen den rossen oder den lütten, dem muol man ain müt kernen vmb
iij β haller, vnd was dennocht sölich not vm malen binnen nach, dass die
lüt ainandern schluogen, vnd wolt jegklicher nun vffschütten. Also gab
man nun von der statt kernen ain müt vm ij lb. haller. Wer nit pfennig
hat, dem gab man vff pfand oder vff bürgen; der aber so arm was, dass
er der kaines haben mocht, dem gab man dennocht, denn man liess nie-
mant on brot, wie arm er was. Do man nun der statt korn ganz gebrucht,
do gieng man jederman in sin huss, vnd wer kernen, haber oder kainer-
lai 445) solich ding hatt, der muost es denen geben, die nüt hatten, vnd ver-
sprach jm die statt das wider ze geben, vnd gabent si es armen vnd richen,
die nüt hatten.

It. dess gelich wer win hatt, der muost jn heruss geben, wo es not-
turftig was, vnd von allem essigen ding was es als gemain wo man nüt hatt.

It. dess gelich wer gelt hatt, der muost es bi sinem aid herfür geben,
vnd tailt man es vnder die soldner, vnd wo es der statt aller notturfftti-
gost was.

It. in der statt was grosser gebrest an holtz, dass vil lüt stuol vnd
benk brannt, ir spannbett, ir wend vnd wess si enberen mochten. Etlich
brannten och hüsser vnd schüren, kain zun was sicher vor der statt noch
in der statt, er wär wess er welt.

---

444) xxx Hü. 445) welcherlei.

It, von sant jörgen tag hin biss nach sant cuonrats tag446) das warent xxxj wuchen, warent die von rapperswil belegen vnd gefangen, dass nie kain man offenlich zuo inen kam; denn etwan selten nachts kament botten. Si schikten och etwa nachtes botten, die konden in den höltzern vnd studen gon, vnd sunst kam nieman in dem zit zuo noch von inen. In dem selben zit was manger gebrest in der statt, dass man nit alles gesagen noch geschriben kan.

It. grosser mangel was an schmaltz. Es was vil lüt, arm vnd rich, da etlichs ain halb jar, ain vierentail ains jares, etlichs ain monat kain schmaltz nie in sinem husse gehatt. Es was och grosser mangel an flaisch, dass och vil lüt, rich vnd arm, vil zites kain flaisch in ir huse hatten, wan man fand es nit vil; in disen zitten wurden katzen vnd ross ze rapperswil gessen xx).

113. Schmachlied, so der Jsenhofer von Waldshaut wider die aldtgenossen macht anno Meccexllllj yy).

1. Wol vff, ich hor ain nüw gedön,
der edel vogelsang,
ich truw, es kom ain ganze schön,
vnwetter hat ain gang447)
gerichsnot vff der heide,
die bluomen sind erfrorn,
dem adel als ze laide
hand puren zesamen geschworn.

2. Die wulcken sind ze berg getruckt,
das schafft der sunnen glantz;
den puren wirt ir gewalt gezuckt,
das tuot der pfawen schwantz.
Bluomi448) lass din lüegen449),
gang hain, hab guot gemach!
es gerat die herren müegen450),
trinck vss dem müllibach.

3. Belibist du da haimen,
du hettist guote waid,
wan dich betrüebti niemand,
vnd beschäch dir nüt ze laid.
Du geratst451) ze wit vssbrechen,
das tuot dem adel zorn;
last nit von dinem stechen,
man schlecht dich vff die horn.

4. Du hast ain fart dinen schwantz
gereckt
hin an den zürich se;
domit so hattest452) si erschreckt,
die schmach die tuot inn we453).
Wer nun den andren hab betrogen,
ich reden als die toren,
mich ducht, der pund hab sich gebogen,
den si hand ze samen geschworen.

446) 23. Apr. bis 26. Nov. Tschudi II. 411. 447) Unwetter hat so lang Tschudi Chron. II. 412. 448) Schweizer Kuhname. 449) Tschudi „Lüyen", Brüllen, mugire. 450) Tsch. müyen, bemühen, kränken.

451) geraust Hü. 452) hast du Hü. 453) Versuoch den schimpf noch me Tsch.

xx) Hier folgt in Tsch. u. Hü. eine Lücke von 14 Jahren (1444—1458) oder ein Schluss der Sammlung. Hierauf in ersterm eine Angabe von 1460, dann das Konstanzer Schiessen 1458 und das Isenhofersche Lied; in Hü. aber eine Angabe von 1458, dann das Lied, dann das Schiessen.

yy) Der Abdruck in den Züricher „Mittheilungen" II. ist nicht völlig genau.

5. Nun luogent zuo vch selber,
zürich in üwer statt
da lüegent⁴⁵⁴) küe vnd kelber,
wie mans verbotten hat.
Rüttent vss den grunde,
der das vnkrut gebirt⁴⁵⁵),
Ir gelebent noch die stunde,
dass es vch fröwen wirt⁴⁵⁶).

6. Die puren trybent wunder,
ir vbermuot ist gross;
schwitz vnd glaris besunder,
niemand ist ir genoss.
Si tragent jetz die krone
für ritter vnd für knecht;
wirt inn nun der lone,
das ist nit wider recht.

---

⁴⁵⁴) lagent Tsch. ⁴⁵⁵) gebürt IIü. ⁴⁵⁶) Tschudi
hat die Strophe verändert und dann zwei
beigefügt.

5a. Nun luogent zuo vch selber
ze zürich vnd an dem see,
vnd bissint vch die kelber,
der schmertz der tät vch wee,
darzuo wär es ain spotte,
ob man vch söliche zig;
mit tröwen vnd mit gebotte
gewunnent si vor sig.

5b. Zürich lass din truren,
tuo frölich uff din ougen,
sich schalcklich gegen die puren,
so kann man dir gelouben,
dass dich din schad nit rüwet,
vnd wagent vwer bütt,
tuond als man vch getruwet,
so sind ir biderb lüt.

5c. Wan der schwitzer schallen
hat vns fast zuo gesetzt.
Land vch es wol gefallen,
die pundbrieff sind vernetzt.
Dem hand die wissen nachgedacht,
si wellints ganz erkochen;
den vbermuot vnd och die schmach
hand si wol macht ze rechen.

7. Ich main jetz die von berne,
tuond och als üch denn dunkt;
vns zündt ain nüwer sterne,
haiter ist sin funck.
Ir hand vil mengen puren,
gewunn es ainen gang,
si brechent vch durch die muren,
si spartint es nit lang.

8. Basel, du macht dich fröwen,
wan dir wirt schier din lon;
macht du die spis nit töwen,
man git dir purgation.
Die rumet dir den magen,
darnach wirst du gesund;
man muos dir vil vertragen,
wann du bist in dem pund.

9. Es ist nit als ergangen
je das beschechen sol,
die fromen gerat belangen⁴⁵⁷),
die falschen gebaitent wol.
Nun hin, es kumet alles,
der nur gebaiten mag;
niemant acht ir schalles,
es wendts ain halber tag.

10. Das ergöw tät ain bössen schwank,
dess sait man im kain⁴⁵⁸) eer;
darzuo hand si dess wenig dank,
man getruwet inn nit mer
Bremgarten, mellingen vnd baden,
es ist an üch nit nüw,
ir forchtent klainen schaden
vnd brachent vwer trüw.

11. Rapperswil, nun halt dich fest,
din fromkait schwebt dir ob,
wan du hast je getan das best,
behab din guotes lob.
Ich main och die von wintertur,
erschrecket nit von tröwen.
Guot gräben hand ir vmb die mur,
dess mugent ir vch fröwen.

---

⁴⁵⁷) Belangen, die Zeit lang werden
(„blangen"). ⁴⁵⁸) klain Hü.

12. Nun land vch mit verdriessen
der arbait, so ir hand.
Des mugent ir geniessen,
ir hand gehüet vor schand;
man zellt vch für die fromen,
der eren gan vch gott.
Es wird noch kurtzlich komen,
dass mengem gelitt sin spott.

13. Die zit hat sich erlouffen,
die welt ist vil ze toub;
man muoss die haiden touffen,
so meret sich der gloub.
Vnrecht hat sinen gange,
ir vbermuot ist gross;
vertrait ins der adel lange,
si sitzen jm in die schoss.

14. Der küng erfordret je sin lüt
vnd och darzuo sin land,
das recht er für die fürsten bütt,
das tuot den puren and.
Ir vbermuot der ist nit klin [459])
wan das lit an dem tag:
„Wir wellen jm rechtes gehorsam sin
nach vnsers pundbrieffs sag.

---

459) ist klin Hä. Bei Tsch. abermal erweitert:
Ir Ubermut der ist nit klin,
si tribend grossen Pracht;
ein jeder will der Frächist sin,
der Künig wird veracht.

14 b. Ist es nit ain gross Wunder,
dass si so frevel sind?
dass si nit schlecht der Tunder,
Schnee, Hagel und der Wind?
Dass si tund Recht versagen
dem künig des römischen Richs,
tut man inn das vertragen,
so tunds fürhin kain glichs.

14 c. Si sprechend wir sind Herren
uber nnser Land und Lüt,
der Künig hat uns nit zweren,
vmb inen gend wir nüt.
Er welte uns gern spalten,
wan das lit an dem Tag,
wir wollend im zrecht halten,
nach unser Pundt-Brief Sag.

Chron. II. 413.

15. Wan kümint wir für die herren,
so hettint wir vns erwegen,
wir müestint wider keren,
dahaim der küegen pflegen.
Vnser herrschaft wurd denn knecht [460]),
klain, schmal wurd vnser gebiet.
Well der küng von vns das recht,
so komm er gen beckenriet.

16. Da wellen wir im lossen",
sprachent die melckerknaben,
die knüw gond inn durch die hossen,
graw röck sicht man si tragen.
Ir was ain michel taile,
baide jung vnd alt.
Küng, gott geb dir haile,
wan si müegt din gewalt.

17. Si schluogent vff den sumer [461]),
dass es im berg erhall;
doch was es in ain kumber,
si schrüwent aber all:
..Wer gab jm den gewalte,
dass er der küng sol sin?
Das sin der tüffel walte!"
Die fürsten von dem rin [462])

18. Die hand inn vsserkoren
dem adel gantz zuo hail,
die herren hand jm geschworen,
vnd och der stett ain tail.
Sin gerechtigkait den fürsten gefelt,
sin frumkait ist inn kund;
darumb so hand si jn erwelt
ja gantz mit ainem mund.

---

460) schlecht Tsch. 461) Si schlugend vff
die Kübel — — Der Schimpf gefil inn
übel Tsch.

462) 17 b. Also tund si vernüten
den Küng hochgeporn,
man söllt si all ussrüten,
die bösen Heckendorn,
dass si die Fürsten rürend,
die den Küng hand gesetst.
Ir Wal hand si volfüret,
und daran nüt vernetst.

Tschudi II. 414,
22 *

19. Man mag wol von jm singen,
wan er ist eren wert,
fromm mit allen dingen,
wer rechtes von jm begert;
dem adenlichen herren
er ist gemain vnd gelich;
mit recht vnd och mit eren
hat er das römsche rich.

20. Fürsten vnd och herren
berüefft er vmb das recht[463]),
so zuo jm söllent keren[464]),
ritter vnd och knecht.
Vnd wer von fromkait sige,
der gang mit fröden daran.
„Hie österrich!" ist die kryge,
das ruoffet frow vnd man.

21. Wer vnrecht welle tämmen,
dem rat ich zuo dem schimpf;
wenn ir es recht[465]) bekennen,
so hand ir guoten[466]) glimpf.
Nun werent bi zitt, ir frommen,
der puren onuernunfft!
wan wend irs nit verkommen,
es wirt ain grosse zunfft.

22. Ir sond vch bass bewaren
denn bisshar sig geschechen;
wend ir es ainandern[467]) sparen
vnd durch die finger sechen,
so ist die gerst getröschen[468]),
dass man vch nit bekennt.
Wend ir das für nit löschen
ee ob es vch enbrennt?

23. Von österrich ain herre,
ach du vil edels bluot,
an dir so lit gross ere,
hab aines löwen muot!

Adenlich ist din gestalt,
frolich ist din gesicht;
du hast des römschen richs gewalt,
das müegt vil mengen wicht.

24. Es sigint stett oder puren,
klain ist der vnderschaid,
es tailts ain wenig muren,
es ist inn allen laid;
si wärin selb gern herren,
vnd sind jm doch ze grob.
Küng, du solt ins weren,
so meret sich din lob.

25. Wan es hort dinem adel
vnd diner herrschafft zuo;
erschütt den pfawen wadel,
es wirt inn noch ze fruo.
Man muoss das vmfeich[469]) stöben,
so belipt das essen rein;
mit pfiffen vnd mit töiben
füert man die brute hain.

26. Nun helffe gott dem rechten
mit schilt vnd och mit sper,
wan gat es an ain fechten,
es kumpt noch menger her,
der vm gerechtigkait vichtet,
man findt noch biderb lüt,
wirt es nit anderst gerichtet,
si wagent har vnd hüt.

27. Man hat inn lang vertragen
gewalt vnd vbermuot;
ain fürsten band si erschlagen,
darzuo meng edel bluot;
vertriben sind die fromen
als von der puren spott,
das ir hand si ingenomen.
Nun helff vns rechen[470]) gott.

28. Der dieses liedlin hat gemacht,
der ist von yssenhoffen;
die puren hatten sin kain acht,
wan er saas hinder dem offen;

---

463) die ruft er an vmb recht. Tsch.
464) Drumb söllend zu im keren Tsch. 465) Si
wellents nit Tsch. 466) vnd gend jm sel-
ber Tsch. 467) an ainandern Hü. 468) fehlt
Hü.

---

469) vnfich Hü. 470) rechte Hü.

er losset irem rate,
vnd was si wöltint tryben,
an ainem aubent spate.
Er hats nit muot ze verschwigen.

29. Fruo an ainem morgen
huob er sich dannen bald,
er luff dahin mit sorgen
obnen durch den wald.

Do er kam vff die haide,
jn ducht, jm wär gelungen.
Den fromen nit ze laide
hat er diss lied gesungen.

Gott sig glopt

Amen zz).

---

zz) Hier schliesst die Hdschr. Tsch. Hüpli hat das „Gott sig glopt" nicht, und fährt auf p. 284 fort, aber, wie schon erwähnt ist, nach grosser Lücke, mit dem Jahre 1458, wovon er bereits vor dem Liede einen Passus, unmittelbar auf die Nothschilderung in Rapperswil, gab, welcher an seinem Orte folgen wird, nachdem hier einiges, ebenfalls Ungedrucktes, die Lücke etwas ausgefüllt hat.

Darnach zugend all aidgnossen in dem abrellen [471]) in xlv jar für griffense die burg, vnd lagend da vor xxvij tag, vnd verlurent vil lüt, vnd was vf dem schloss houptman hans von landenberg mit lxxj gesellen von zürich vnd von dem stättlin. Vnd darnach vf den xx [472]) tag des mayen do gabend die gesellen das schloss vf vff gnad vnd giengond von der burg vnd wurdent da gefangen, vnd nach dem als die von schwitz woltend, do wurdent jnen allen die höupter ab geschlagen. Vnd das gefiel nit wol den andern aidgnossen, vnd als si all darnach saitond, das si dar nach glük noch hail niemer me an gieng, vnd das wirt bewyst hie nach. Cod. 657 p. 123. 124. Vrgl. Fründ p. 209. (Tschachtlan 203).

1444. Darnach vf sant johans tag (24. Jun.) zugend si all für zürich, vnd im ziehen vnd och vor do verwuostand vnd verbrantand si xxvj gotz hüser, es würind klöster, lütkilchen vnd capellen, vnd lagend vor zürich iij manot, vnd schussend in die statt nacht vnd tag, vnd verdarb in der statt nie mensch denn ain pfaff vnd ain alt wib, vnd geschach jnen baiden ire gotzrecht. Vnd in dem zit do warend si komen in ain kilchen, die haisset rifferschwil, lit nit verr von zug. Da giengend si über den schrin da das hailig sacrament jnn was behalten, vnd namend her vss die oflaten, vnd tailtend die vnder inen selbs vnd frassend das fräuenlich on all gotzforcht. Och kamend sie [473]) in die lütkilchen ze hodingen. Do namend si och die hailgen hostien vnd vertruogend si das si der priester niemer me vand. Och in dem zit [474]) laitend si sich für farsperg [475]) die burg vnd belibend och etlich vor zürich. Also ordnot got der allmächtig das der tolfin, des küngs von frankrich sun, kam mit ainem grossen volk vnd wolt die aidgnossen übervallen haben vor farsperg. Also luffend die aidgnossen mit grosser macht dem volk engegen, vnd das was vf ain mitwochen an dem xxvj tag des ougsten, vnd kamend by sant jacob vor basel zesamen, vnd ze glicher wys als si vor ainem jar by zürich zuo sant jacob by den veldsiechen

---

471) Tschudi am Rande „11. Mai 1444." 472) Tsch. a. R. 27. 473) Tsch. am Rande „mentiris". 474) 12. Aug. Tsch. 475) Farnsburg im alten Frikgaue.

hattend ir boshait getriben mit den roten krützen, also wurdent si by sant jacob
vnd och by den veldsiechen gebüesset, vnd verlurend vier tusend man. Vnd als
bald das beschach, do kamend die mär in das volk, das vor zürich lag, vnd die
von Z. vernamend das durnach vff den samstag (29. Aug.) ze nacht mit gewissen
briefen, vnd do lutend si all gloggen klain vnd gross, die in der statt warend,
die warend da vor in iij manoten nie gelütet worden weder nacht noch tag. Vnd
darnach do brantand si die müli by ottenbach, vnd vf den sunnentag (30.
Aug.) fuorend si von zürich mit grosser not vnd schand vnd laster. Vnd also
wurdent die von Z. erlösst. Gott sy lob vnd er gescit. Amen.

Als diss sachen warend verloffen, do zoch der telfin wider gen welschland;
aber sin volk zugend hervf gen seckingen vnd gen louffenborg vnd gen waltz-
huot mit grosser vnbeschaidenhait, vnd namend in den stetten was si fundent,
das si mochtend gefüeren; doch das was ain klaines laid, won die lüt von den
stetten woltend den kumer gern haben, darvm das si [476]) hattend also die
schwitzer vnd ir aidgenossen nider gelait.

Es ist och ze wissen, das die burg ze farsperg gantz och erlösst ward,
wan si [477]) fluhend die da vor warend [478]), vnd liessend die grossen vnd die
klainen büchsen ligen vnd allen gezüg, vnd den zugend die edlen in die burg
mit grossen fröden. Got well das wir das ewig leben besitzind. Amen. Cod.
657 p. 124—126. Vrgl. Fründ p. 222 (Tschachtl. 217).

1444. Dar nach vf mentag in der osterwochen was gefangen ain ziegler
von zürich ze zug in ainem turn, vnd den woltand si mornendes ertrenkt haben,
vnd dem half gott vss der gevanknuss, vnd kam gen zürich.

It. darpach vf den fritag ze hindrist in dem abrellen (30.) do kam hertzog
albrecht von österrich ze dem ersten in die statt gen zürich, vnd vf den selben
tag do kamend die mär gen Z. das die edlen ze louffenberg hattend da vor
vf der mitwochen vor der statt wol vij schwitzer erstochen vnd xiiij gefangen.
Denen schluogend si die köpf ab. Cod. 657 p. 126. (Tschudi am Rande: 29.
Apr. ward keiner erstochen, aber 14 gfangen, die wurdend gericht, hattend sich
verschossen. Warend berner vnd basler).

It. darnach an dem xj tag höwmonot do kam her hans von falkenstain mit
sinem volk für rinfolden, vnd do kamend die vss der statt mit vil volkes, vnd
wurdent der wol lxxx erschlagen vnd vij gefangen. Cit. (Tsch. Warent nit mer
dann viij vmbkon, vnd gefangen 7).

It. darnach in dem selben jar an dem xx tag ougsten do warend zwen man
von zürich gefangen ze bremgarten, vnd die woltand si mornendes haben
gefiertailt; die kamend vss der gefanknuss gen zürich.

It. darnach an dem x tag des ersten horbst manots (10. Sept.) do zoch der
fürst von österrich für basel vnd tett inen grossen schaden.

It. an dem viiij (Tsch. korrigirte xviiij) des selben manots do gewunnend
die aidgnossen die burg ze rinfelden in dem rin, vnd brachend si vff den

---

476) Die Armagnaken.   477) die Eidg.   478) 26. Aug.

grund nider, vnd warend da vor gelegen wol vij (Tsch. v) wochen. Darnach an dem mentag (20. Sept.) fuorend si gen sekingen, vnd do kam der fürst mit macht, do fluhend die aidgnossen gar schantlich von dannen.

It. in denen ziten do schiktend die aidgnossen zuo den richstetten vmb soldner, won inen gebrast lüt (Tsch. a. R. Mentiris).

It. darnach vf den xxix tag des andern herbsts (29. Oct.) fuor der marggraf von rötelen mit ij nüwen flötzen, die da die von zürich gemachot hattend, gen raproschwil vnd spiset das, vnd vertribend die schwitzer gantz von dem sew vnd brachtend denen von raperschwil kost gnuog.

It. zuo den selben ziten an dem xx tag des selben manots do erschluogend die edlen denen von basel ol. vor der port in der klainen statt, vnd wurdent ir vil gefangen (Tsch. a. R. Mentiris).

It. vf den xv tag wintermanots do fuorend die edlen mit denen von zürich gen pfäffikon, vnd namend da der schwitzer floss, der hatt ainen schwartzen beren an ainem ort, vnd verbrantand inen ir beste schif vnd namend och swai dar zuo, vnd fuortend si gen Z. vnd da stuond der schwitzer floss vil jar by vnsern flössen, vnd warend vil nach gelich, vnd namend och vil büchsen vnd guoten gezüg, der in den schiffen vnd in dem floss was. Vnd do verlurend die von Z. lxxviij man, vnd die schwitzer verlurend xliij man, vnd wurdent die vnsern begraben ze meiland (Mailen) in den kilchhof. Alles Cod. 657 p. 126—128.

1444. Des jars als man von der g. gr. zalt tusend vierhundert viertzig vnd fünff jare do vorchtend inen die von basel vor den armen jäcken [179]), wan die lagend nun mit grossem volk by ainer mil vnd by ainer halben one vnderlauss vor basel vnd in dem elsäss, vnd ersuochten si täglich vor der stat biss zuo dem tor hinzuo, vnd warend och vil edel lüt vnder jnen von disem land. Vnd also embuttend die von basel den aidgenossen, das si jnen ain volk zuo schickend zuo jn in ir statt, das si sich dester bass erweren möchtend des volks. Vnd si schicktend jn fünff zehen hundert man, vnd das was gar ain werlich volk — vnd dero warend nun ain tail vor der reste farnsperg gelegen. Vnd als si nun gen basel zuo dem wasser das da rinnet by sant jacob der siechenhüser kamend, so gewaren si der armen jäcken mit grossem volk da ligend, vnd hattend vil für vnd lagend vnwerlich vnd bloss, one harnasch, vnd hatten böse gewer vnd waffen, dann das ir vnzalich vil was, das si si nit recht wol geschützen kundend, vnd maintend doch das ire mer dann zehentusend wärend, vnd maintend si söltend vnd wöltend mit inen vechten, dann die von basel kämend jnen zuo hilff mit ir macht, so si dann wol vermöchtend. Vnd do si nun als vnwerlich lagend, do maintend die 1500 man von den aidgenossen, si wöltend den strit anheben, wan die stat basel zuo nächst by jnen was, vnd truogend holtz an das wasser, vnd machtend entail weg mit dem holtz über das wasser, vnd hulffond ainander mit iren spiessen vnd geweren über das wasser. Vnd so ir die armen

179) *Armagnacs.*

jäcken gewar werdend über das wasser komend, dann es was vor tag zwo stund,
do maintend si, si wöltend die aidgenossen wider an das wasser triben vnd da
ertrenken vnd erstechen; vnd machtend ain ordnung die armen jäcken vnder jn,
vnd zugen gen den aidgenossen an das wasser. Vnd da huobend si mit ainander
an ze schlachend, vnd die aidgenossen erschluogend der armen jäcken ob achthun-
derten, das si kom sechs man verloren hettend. Vnd also wurden die armen
jäcken wychen vff gen der kirch an sant jacobs den siechenhüsern, vnd die aid-
genossen trungend on vnderlauss vff si biss zuo sant jacob in das dorff. Do be-
stuondend die armen jäcken, vnd fachtend lung mit ainander, das der armen
jäcken gar vil verlor. Vnd do ir geschrai als gross vm si ward vnd der huot
zuo schrügend, die si dann wol wyssotend, die dann vff die von basel hielt, ob
die vs her wöltend sin, vnd maintend iro wäre gnuog, dann jo zehen jäcken an
ain aidgnossen wärend, vnd do si doch in der huot merktend, das die iren so
vast vnzalich nider geschlagen wurden, vnd och recht bekanten, das die von
basel nit herus woltend, do brachen si vff vs der huot, vnd das was ver in den
tag als die sun nun vff gegangen was, vnd was wol vff sechs tusend pfärit vs-
erlesens raisiges zügs, in dem mer dann vierhundert verlidroter ross warend. Vnd
do die aidgenossen iro gewar wurdend, do machtend si sich zesamen, vnd kartend
iro rucken gegen ainander, vnd vachtend och allgemainlich so stark, das si so
vil ross vnd lüt erschluogend, das es vnzalich was, wan si tattend den armen
jäcken als not, das si zuo dem dritten mal hinder sich zugend vnd der ruow
begertend, das dann do die aidgenossen och ruowotend. Vnd diss vechten tribend
si biss in die zehenden stund des tags, vnd huobend an zwo stund vor tag. Also
behuobend doch die armen jäcken das veld, vnd vand sich von den aidgenossen
erschlagen ayliff hundert vnd dry vnd zwaintzig, vnd von den armen jäcken ward
me dann acht tusend man erschlagen vnd ob zwölff hundert rossen, die vff der
wyte lagend vnd gezelt wurdend, on die in den studen lagend, der was zemal
vil, das man si nit geschätzen kan. Das macht si füertend was erber was, vnd
sust wer da mocht den sinen, mit jn enweg zuo begrabend, wa es jnen dann
eben was, vnd truogend wol drü hüser vollen lüt vnd verbrantend die, vm das
man nit säbe, das ir so uil erschlagen wäre, vnd maint man das si sust och vil
haimlich vergrüebind. Es ist aber syder her von inen selber gehört, als sich die
knecht mengen weg verwandlotend, nun in disem nun in jenem tail das ir ob
acht tusend erschlagen sign. Dacher p. 365 — 367. Vrgl. Fründ p. 228
(Tschachtl. 225).

Aber des vorgemeldten jars vmb sant martins tag (11. Nov.) do zugend die
von basel für ain veste genant pfäffingen, vnd maintend die gewonnen ha-
ben, dann si wondend si hettend den vorhoff abgeloffen, dann es warend wol
sechtzig man von basel dar jn komen. Nun hattend si in der veste ainen schutz-
gatter haimlich in die mur gemacht, dar vmb die von basel nicht wysstend,
vnd also liessend si den schutzgatter vallen, vnd behuobend die sechtzig man in
dem vorhoff vnd erstachend si alle. Dacher p. 373.

Anno dni Mcccc vnd xliiij jar kam hertzog aulbrecht v. Oe. in die land

vmb sant michels tag (29. Sept.), des ersten gen vilingen, darnach vff st cuonrats
tag (26. Nov.) kam er gen wintertur mit vil volks, das die statt vol lag vnd
die dörffer darumb, vnd was zo Z. ouch vil volk. Vff st cuonrats tag zuo nacht
zugent si vs zuo wintertur vnd zuo Z. mit ainem hüpschen züg, vnd belaib der
hertzog zuo W. vnd was der marggraf von brandenburg hoptman, vnd zugont gon
r a p e r s c h w i l vnd spistent die statt, vnd fluchent die schwitzer enweg an die
berg, vnd zoch man den sew vf bis gen v t z n a c h, vnd ward verbrennt was
man da vand die dörffer alle, vnd vand man gros guot da, vnd fuort man vil gen
R. vnd man füeren mocht. Vnd zoch man do widervmb haim, vnd verbrant man
grüeninger ampt gantz vs vnd zoch man haim mit eren. Königsh. 630 p.
295. 296.

Anno dni Mccccxlv an sant karolus tag (28. Jan.) do zugend die von zü-
rich für das stättli w y l, die warend verbunden mit den schwitzern, vnd die
luffend hervss vnd si [480]) wurdent hindergangen vnd ward jr lj erschlagen. Vnd
also zugend die von zürich wider haim, vnd warend vil edler lüt by denen von
Z. geain. Cod. 657 p. 126.

In dem selben jar zo mitter fasten (7. März) do woltend die schwitzer vnd
die appenzoller das stättli vnd die burg s a n g a n s überfallen haben, vnd kamen
in das stettli, vnd wurdent ir wol lx erstochen vnd wol o wund, vnd brantand
das stätli vnd zugend davon.

Item dar nach in der karwochen [481]) do kamend die edlen an die a p p e n-
z e l l e r an ainer wart, vnd erstachend ir wol xxxvi [482]). Cit.

Anno dni Mccccxlv jar vff st benedictus tag (21. März) der was vff den
balmtag, hand die von f r o w e n f e l d gehult zuo ainer herrschafft von Oe. nam-
lich hertzog aulbrechten in iro aller namen vnd zuo dem hus gen Oe. Daselbs
da lag der von wertenberg im schloss, ouch der trapp, ouch itel hans v. krenckingen,
genant v. wissenburg, ain fryer herr, ouch vil anders adel. Die fuorent vff ain
mal enweg gen wintertur, vnd was junckher eberhart von boswil der alt stat-
halter, der schickt die in der statt hinweg gen wigeltingen. Do verlurent si by
xl mannen vnd das rennfennlin. Königsh. Cod. 630 p. 296.

Anno dni Mccccxlv vff s. barnabas tag (11. Jun.) warent die von w i n t e r-
t u r gezogen gemainlich mit zwain fennlin über die letzi hin gen kilchberg, vnd
warent iro by iiije, vnd brantent do etwan menig hus vnd nament vil vichs, vnd
der mertail lüt durch die letzi, vnd koment die schwitzer hernach vnd ylten vff
die schützen, das si wichent, vnd wurdent by l man erschlagen vnd der von W.
fennli verloren, vnd verlurent die von frowenfeld x man, dero warent xj burger.
Darnach zoch man gen wyl in der nacht vnd verbrant man die vorstat mit
enander vs mit fürpfil, für kuglen, vnd was da die von wintertur, frowenfeld,
diessenhoffen, kyburger ampt vnd by c pfert, vnd was der trapp der von win-
tertur hoptman, vnd her wernher von schinen dero von frowenf. hoptman. Kö-
nigsh. Cod. 630 p. 296.

---

480) die Züricher. 481) 25. März. 482) „nit mer denn 8" Tschudi am Rande.

Die aidgenossen zugend für rinfelden.

O dux sabudie qui plura mala fecisti!
Confederatis consilium simul auxilium fac istis,
Et regi rome in fraude doloque resistis.

Anno dni Mccccxlv vmb sant bartholomes tag zugent die von basel, bern, solodran vnd ander aidgenossen für das schloss ze r i n f e l d e n , vnd gewunnen das herlich schloss vnd vnd vil guots zügs, darinn die gross büchs, so die von basel ze varsperg verloren hatten, vnd vil anders zügs. It. darnach zugen si gen s e k i n g e n vnd belagen das och starch vnd noten die statt och vast mit schiessen vnd mit andren sachen. Aber si zugen vngefochten dannen, won die herschaft hatt ain grossen züg gesamlet, vnd wolten si dannen geschlagen han, vnd da si das innen wurden, do zugent si nachtes dannen.

It der hertzog von s a f f o y hatt inen ouch ain hüpschen züg gelyhen wider den küng vnd die herschafft von österrich, vnde versus vt supra O dux. Hü. p. 163. 164 (auf das Basler Konzil).

Anno dni Mccccxlv jar zugent die von basel vnd von bern vnd ander aidg. gen r i n f e l d e n für die vesti, vnd hattent ain läger dar vor, vnd was die statt wider die vesti vnd hats mit den schwitzern. Vnd zoch der hertzog aulbrecht an dem andern ort ouch darfür ennet dem rin vnd hatt ouch ain gliger dargegen, vnd schussent die schwitzer mit grossem schütz in die vesti, das das gmür vast zeruiel, vnd ward vast zergent vnd mocht si min herr von Oe. nit dannen schlachen, won er ze wenig volks hatt, vnd lag by xiiij tagen da. Ze jungst besatzt er das hus bass vnd zoch dannen. Zuo hand vff des hailgen crütz tag ze herpst gewunnent die aidgnossen das hus vnd kam das mit geding, vnd tatent zuo vnd liessent die herren vnd die knecht die vff dem hus warent, herab gan an ir gewarsami, vnd nament die aidg. ouch das hus vnd vesti jn vnd wuostent es vff den grund, vnd warent das die vff dem hus warent, h. jac. trapp, türing v. hallwil, h. hans v. falckenstain, h. melchior v. bluomneg vnd ainer von ryschach, vnd sunst by xe knechten vnd guoter lüt. Königsh. 630. p. 297.

1445. Anno dni Mccccxlv jar am suntag vor vnser frowen tag ze herpst (Sept. 5.) zugent die schwitzer mit v fenlin für f r o w e n f e l d vnd verbrantent die ij dörfler vnd das tal hin vf von welhusen, pfin vnd mülhem wol halb, vnd nament vil vech ze tundorff vnd im tal enweg, vnd zugent jnen die von fr. nach mit irem vennli, mit der lantschafft pfin, ittingen; ouch junckher aulbrecht von clingen mit sinen lüten zugen all zesamen vnd erratten pfin vnd zugent jnen nach bis gen merstetten. Do griffent si die schw. an , vnd verlurent die von fr. ir venli, als vor staut, da verluren by xlv mannen, die andren all entrunnent. Königsh. 630 p. 297. 298.

Anno dni Mccccxlv jar nach des hailgen crütz tag zuo herpst zugent die von basel vnd von bern vnd ander schwitzer für s e c k i n g e n , vnd hattent da ain läger vor der statt, vnd lagent by dem bad mit macht vnd schussent mit grossen büchsen in die statt, vnd laugent da bis an fritag vor st. gallen tag (15. Oct.). Vnd do si hortent das man si wolt dannen triben, do zugent si selbs dannen, won es kam ain grosser züg dem hertzogen ze hilff; es kam der von wirtenberg mit grosser maeht zuo ross vnd ze fuos, der margraf von nider baden ouch mit ainem grossen züg ze ross vnd ze fuos. Vnd die hegnower herren, die ritterschafft st. jörgen schilt kameat me denn mit zwaien tusent mannen on ander volk das da kam von ainen stetten, von dem olses, von dem brisgow, das da ain schön volk was; ouch der schwartzwald vnd turgow, vnd maint man die schwitzer noch zuo treffen ze seckingen v. si dannen zuo schlachen. Aber do sins inen wurdent, do zugent si dannen gen basel, vnd schluogent da enander, das ir vil erschlagen ward. Königsh. 630 p. 299. 300.

Anno dni Mccccxlv jar nack sant niclaus tag (der am 6. Dez. ist) koment hertzog aulbrechts rät gen costantz zuo tagen mit den schw. vnd andren aidg. vnd taget man lang, vnd warent des rö. küngs rät ouch da vnd markgraf aalbrecht von brandenb. In dem tagen do tett der selben herrschafft züg vnd die von Z. ainen zug gen fryenbach vnd gen pfoffikon, vnd nament da der schw. flos vnb büchsen vnd andre gross schiff, di si gemachet hattent, die verbrantent si all, vnd verbrant man fryenbach vnd andre hüser an den bergen. Doch do verlor der herrschafft tail by c man, won es was in der nacht, vnd fluchent vnd schluogent selbs enander nider. Doch si gestuondent vnd tribent si wider hinder sich an die berg. Also erwart man jnen den sew schiffeahalb vnd flötzenhalb, das die von raperschwil mochten hon iren wandel vff dem sew vmb kost, wie si woltent, das jnen das nieman weren mocht. Do si lang ze cost. tagetent, do kund man die sachen nit richten, vnd zerschluog aber vnd zugen die aidg. wider haim. Do kam der h. aulbrecht ouch gen cost. vnd die etsch herren vnd der margraf v. nider baden, vnd tagetent da lang mit enander, vnd ze jungst gab h. aulbrecht sin schwöster des markgrafen von baden sun mit namen karle. Königsh. 630 p. 298.

Des jars als man von der g. cr. zalt 1446 jare, in dem hornung, hett grauff hanns von tierstain, do zemal zuo dem hailigenberg wonend, sin gepursame zuosamen gepraucht vnd ander herren lüt ennet dem sce wider die söldner der aidgenossen, die sich böck namptend, vnd nampt er die sinen die wölff, vad maint, er wölt die böck mit den wolfen vahen. Aber es geriet jm nit. Dacher p. 375.

Anno dni Mccccxlvj do brantand die von raproschwyl ain schwitzer, der wolt inen ir statt verbrant haben vf samstag nach der küng tag (8. Jan.).

It. darnach am x. tag mertzen do wurdent xvj schwitzer enthoptat ze eglisow vnd vij wurdent da erstochen.

It. in denen ziten zugent die schwitzer vnd die appenzoller für walenstad vnd woltand das gewunnen haben. Also wurdent si vertriben durch die edlen. Cod. 657 p. 128.

Anno dni Mccco sochs vnd viertzig jar in der vasten do zugend die schwitzer in das oberland in sarganser land, vnd zugent gen meils, vnd da vmb lagents an den bergen mit aim hüpschen züg, vnd lagent also wider enander. Ze jungst kament die schw. an ainem morgen gen fröudenberg, vnd warent der

herrschafft von Oe. lüt nit vfgestanden vnd wurdent verrauten, vnd warent nit
gar gerüst vnd geordnet, vnd was zuo spat, vnd vielent die schw. jn vnd na-
ment die puren vnd volck vss sant johansen land die flucht vnd ward ir by
iije erschlagen vnd der schw. ouch vil, doch behuobent die schw. das veld vnd
zugent do wider gen mails vnd gen flums. Also zoch die herrschafft vast zuo
mit raisigem züg vnd lagent vff dem schaulberg vnd zuo sargans, vnd lagent
also wider enander, vnd behuot man walenstat vnd satzt man ain zuosatz in das
turgöw, das si nit dorin zugint vnd das och schadgotint, vnd lait der margraf
v. baden ee pfärit gen seckingen v. gen nüwenburg, vnd der alt herr v. werten-
berg lait e pferit gen frowenfeld vnd der jung h. von wirtenberg e pferit gen
zürich vnd min her von Oe. mer denn e pferit gen wintertur. Vnd also ent-
sausent inen die schwitzer vnd zugent wider vss dem oberland vnd nam die
herrschafft das land wider jn. Königsh. Cod. 630 p. 298. 299. Vgl. Fründ p.
283. (Tschachtl. 277).

Nach der geburt cristi, als man zalt tusend vierhundert vnd sechzehen jare
(sic), am frytag nach sant gregorien tag (13. März) do kamond die herren an die
aidgenossen vor wallenstad. Nun betten die herren vff si gespech gesant
viertzig man der vmsassen des landes vnd och ettlich von den herren zuo in,
vnd maintend ainen huffen von den aidgenossen zuo besehond, den si dar nach
angriffen woltend, als si danne lagend. Nun lag ain andrer huff, och von den
aidgenossen, der grösser was denn si, vnd der was aber hinder sich gezogen vf
dem veld, vnd darum so maintend si nun disen huffen wol nider ze legend.
Vnd als aber die viertzig man den huffen also woltend besehen, do hett sich
der huff wider in der nacht vmbher gestolen, vnd kamend die viertzig man inen
in die hend, die still schwigend, vnd ersuochtend inen allen den gewalt der her-
ren vnd alle ir wissen. Vnd do die viertzig man also nit kamend, do schikten
si ander zwaintzig man vff si, die erstachend si alle, das iro kainer da von kam.
Vnd also macht sich die pursame von den herren, die vmbsässen des landes,
mit dem fuossvolk, das dann da was, über den bach, der dann her in den rin
gieng, vnd warend si och über den rin komen; vnd das si also ennhalb des
bachs, dem dorff vnd och hie dis halb des dorffs zwüschend dem rin vnd dem
bach, vnd wartotend dero, die si gesant hattond, vnd wisstend nit das es inen
misgangen was, vnd och das der huff widerumb komen was. Vnd als si also
lagend vnd ruowotend vnd villicht ettlich ir harnasch vsgezogen hettond, vnd
ettlich ir gewer von inen geton, das si die by in nit hettend, vnd also vm die
fürer lagend vnd saussend, ainer schlief, der ander wachet, der dritt seit ettwas,
die andren horten zuo, vnd in dem luffend die aidgenossen mit ainem geschrai
mit irem huffen des si nit wysstend in, vnd warent si vngewarnet vnd erschra-
kend vnd gedauchtend, sich hette noch mer volk in das land verstolen, wan si
wyssten dennocht den huffen wol, den si angriffen woltend haben. Vnd von
schrecken kamen si vsser ordnung vnd sahend och wol, das si verloren warend
vnd dar vmb bestuondend iro vil von dem landvolk vnd warttend sich lang, vnd
iro vil woltend fliehen, vnd fluhend wider durch den bach. Do warend inen

die rechten strich wasser verleit, vnd komend in die gumpen vnd ertrunkend. Vnd also die ennenthalb des bachs lagend, die vielend in den rin, vnd woltend darüber sin, vnd ertrunkend, also das dar nach mer denn drühundert man funden wurden in dem rin vnd in dem bach. Do ward ob sübenhundert mannen erschlagen, die man och in der selben rifier vand, one sust vil, die man dar nach vand in den studen vnd in der owen ligen. Dacher's Konstanzer Chronik p. 145. 146.

Anno dni Mccccxlvj do satzt der pfallentzgraf vom rin ainen tag gen contentz zwüschent den fürsten vnd den edlen vnd den von zürich an aim tail, vnd allen aidgenossen ze dem andern tail vff den xv tag mayens, vnd vff dem tag war der fürst von österrich vnd der margraf von nider baden, der margraf von rötelen, der alt von wirtenberg vnd ander vil grafen, herren vnd och edlen, vnd daby fridrich von basel vnd der b. von aistotten vnd botschaft von zürich vnd botschaft von allen aidgenossen, vnd belibend da xxij tag, vnd kond die aidgenossen nieman dar zuo bringen, das si weltind von des fürsten wegen vnd von der von Z. wegen zuo dem rechten komen anders denn gen ainsidoln für ir aidgenossen. Vnd also hat der krieg angefangen, won die von Z. sich verbunden hatten ewiklich mit dem hus von Oe. nach dem als der puntbrief vas wyset zwüschent den von Z. vnd den aidg. der was gemachot vor hundert jaren. Dooh zuo dem letsten vnd mit grosser arbait kam es dar zuo das der fürst sins rechten kam vf den rat ze vlm, vnd die von Z mit den aidg. wurdent gesetzt, das die A. soltent ij man dar geben vnd die von Z. och ij, vnd der fünft solt genomen werden vsser ainer richstatt inrat ainem manot. Vnd vff den tag do ward frid gerüeft, vnd der fieng an vf den ix. tag brachotz, vnd ward gross fröd in vnsern landen, vnd zugend die lüt vff das land, vnd warond alle dörfer verbrent vmb zürich mit den kilchen, als es vor mals dik benempt ist.

It darnach ward erwelt ain fünftman, ain burger von ougspurg, haisst peter von arg, vnd nach langem bedenken vnd mit grossem rat do sprach er me denn vff in komen was, vnd darnach sait (er) in ainem spruch, das baid tail by den alten bünden söltind beliben, vnd wer den spruch recht verstuond, so was es ain guoter spruch, won nach dem spruch so wärend die von Z. nach der alten puntbriefen lut vnd sag by punt beliben vnd by den alten puntbriefen, die da vswistend, das die von Z. moohtend sich verbinden zuo herren, zuo stetten etc. als si getan hand, vnd hand sich nit anders verbunden denn zuo ir aidgnossen natürlichen herren, vnd das ist also ze verstan, wan die von lutzern vnd die von zug bekennend offenlioh in iren puntbriefen, das ain herrschaft von österrich ir natürlicher herr sy. Cod. 657 p. 128 — 130.

Anno dni Mcccc quadragosimo 6to vff sonntag nach ostren, den man nempt Cantate (15. Mai), do kam man abor ze tagen gen contentz, vnd kam h. aulbrecht selbs dahin, ouch der alt herr v. wirtenberg, der markgraf v. niderbaden, der pfalletzgrauf vom rin, herz. ludwig von payer vnd sunst vil herren. Ouch die aidg. die waront do mit vollem gwalt, vnd ain tail der stetten. Vnd verhort der pfalletzgraf die sachen von baiden partyen, vnd redt dar zwischent, vnd

ward vertädinget, vnd warent wol by drü wochen by enander, vnd ward ain frid
zum rechten, vnd gieng der frid an am sonntag so die sunn vff gieng nächst vor
viti vnd modesti (12. Juni) im xlvj jar, vnd ward vertädinget zum rechten vff
den clainen raut zuo vlm zum rechten, was die herrschaft v. Oe. zun schwitzern
vnd andern puntguossen zuo sprechen hett, als dann bis har vergangen wäre von
dem järigen friden her bis vff die zyt. Desglichen sölt die herrschafft von Oe.
ouch grecht werden vmb im zuospruch vff den pfalletzgrafen by dem rin. Ouch
hatt jetweder tail brieff vder vrbecher bücher ald register den andren vnd man
der notturftig were, sol jetwodrer tail abgeschrifft geben versigelt mit des by-
schoffs von Co. insigel versigelt geben. Die soltent denn crafft vnd macht ha-
ben als ob man die rechten brieff hetti, vnd sol das recht ain end haben vff
st. gallen vber ain jar neebst nach die zädeln geben, vnd geschach die richtung
vff sonntag nechst noch st. barnabas tag (12. Juni), vnd gieng der frid vff den
selben tag an. Königsh. Cod. 630 p. 300. Tschudl II. 467.

Des jars 1446 am dornstag nach sant johs tag [449]) do zugent die von z ü -
r i c h vs mit ir panier vnd der herren vil mit jn vnd woltend die spicher ver-
brent han vnd die erstechen, die si allda funden hettend. Vnd also lagend die
schwitser obnan vff in dem holtz in ainer huot vnd wart, vnd do si ir gewar
wurdend, do schwigend si vnd drucktend sich. Also hieltend die von Z. die
gantzen nacht, wan si kament des aubents da hin, in dem schnee vnd erfrurend
ross vnd lüt vnd das fuesvolk gar sere. Vnd wol zwo stund vor tag do luffend
die switzer den berg ab, do warend diss erschrocken, do si das geschrai hortend
von den schwitzern, vnd gedauchtend ir wäre vil in dem holtz, mer denn si an-
luffend, dero doch nit me was denn dry vnd achtzig man. Nun warend der
herren vnd ooh des volkes ennethalb ainem graben, vnd der mertail des volks
hie disshalb dem graben, vnd also ruofft hans von rochberg: wychend über den
graben! vnd maint das volk zesamen ze bringend vnd den graben vor im han;
Vnd das volk was erschrocken, vnd wondend er spräch: wychend! vnd namend
die flucht, vnd flahend wer da mocht, vnd wurdend zertronnt, vnd also yltend
inen die 83 man nach vnd erschluogend iro hundert vnd dry vnd fünffzig man.
Si hettend iro vil mer nider geschlagen, die da lagend als ob si tod wärend,
vnd do si den andorn nach luffend, do stalen si sich davon, vnd kamen dar
nach ech zuo dem volk, vnd bracht ain edelman das panier davon, der hett es
in den buosen gestossen, vnd die vorgenant, so si erschlagen hottend, zugend si
vss. It. so dann gelich dar nach an dem hailigen aubend zuo winächten
(24. Dez.) do zugend die von zürich allain vss mit ainer grossen macht, vnd
woltand die totten, die 153 man, wan die switzer huobend si inen vor vmb die
büchsen, so inen dann dauor genomen wareud, die si dann ze rinueldem geno-
men hattend. Vnd als nun die von Z. da hin komend, do kamend si die schwy-
tser an vnd erschluogend der von Z. vnd ir helffer wol fünfftzig man. Dacher
p. 375. 376.

449) ver? 22. Dez.?

Im 1446 jare an sant siluesters anbend (30. Dez.) do zugend die von appenzell vnd woltend ettlich der iro gen lindow zuo ainem tag belaiten, des si sich versprochen hettend mit den vs dem algöw, von veltkirch vnd von pregentz. Vnd die hettend sich nun gern in ettlich mit jn gesetzt, dar vmb das si ir land möchtend gebuwen han, vnd nit also in täglichem krieg müestend gelegen sin. Vnd als nun die von App. also zugend vnd gen lindow woltend, vnd gegen rinegk wert kamend, do gedaucht der bayror vff rinegk vnd sin volk, ob si si gemaint hettend, vnd maintend gar ain herten schutz gegen inen ze tuond, vmb das si gedächtind das ir büchs dester grösser wäre, vnd wundent den stain in fetzen. Vnd zuo den zyten was gar grosser wind, vnd als si schussend, do fuor der fetz, da der stain jnn gelegen was, über sich, vnd des namend si in der vestin nit war. Do hettend si des in der stat och nit acht, vnd der wind schluog den fetzen in das tach in ainer kener [44]), das man es nit gesehen mocht, wan das gemür gieng etlicher mass da für, vnd entbran das tach, wan es schindlin was, vnd ward das für also gross, das man jnn nit me ze hilff komen mocht, vnd warff es der wind in die statt vnd verbran die stat vnd die vestin, vnd luffend do die appenzeller jn, vnd was man vsgeworfen hett vnd si darvon tragen mochtand, das nomend si, vnd muostend die man fliehen, vnd was niemant der laschde, vnd verbran die statt vnd veste grund vnd graut, vnd laitend sich die appenzeller für den turn vsserthalb. Do mochtend jn dise nit behaben, vnd in zwain tagen gaben si jn och vf vff gnad. Den turn verbrantend si ouch, vnd wurdend jnen dryzehen büchsen, die si in der stat vnd in der veste fundend. Dacher p. 383.

Als man von der gep. cr. zalt 1447 jare, an dem nächsten zinstag vor sant thomas tag (19. Dez.) zwüschen vieren vnd fünffen nach vesper ward hans von hege enthoptet, der hat die von wyl vnd die aidgenossen selb fünfft angegriffen. Dacher p. 385.

It. es ist darnach komen in dem jar do man zalt Mccccxlviij, das baid partyen an dem spruch nit gantz wurdent vsgericht, vnd namend darnach ain obman von rauenspurg, hiess ytel huntpyss, vnd der wolt sich der arbait nit beladen. Vnd in dem zit do fiel der krieg jn von den herren vnd den richstetten, vnd der vieng an in dem solben jar vmb die ostren, vnd werat i½ jar, vnd in dem zit do kamend die von Z. vnd die aidg. überain, das die von überlingen söltind inen ain obman geben wo si wöltind. Vnd die gabent mit kurtzer bedachtnuss her hainrichen von buobenberg, burger von bern, vnd der nam die sach vf sich gebetten, doch nit vast genötgot, vnd sprach das die von Z. söltind ain ledig vnd los von dem punt, den si hattend getan mit dem hus von Oe., vnd das was gantz wider den alten geschwornen puntbrief; won was der alt brief guot vnd gerecht, so was sin spruch valsch, vnd was sin spruch guot, so warend die alten geschwornen brief nit recht, won der spruch vnd der alt puntbrief mochtand nit by enander bestan. So hat och der obman nit me

---

44) Rinne, senalis, auch Känel.

gewalte denn der bapst, won der hett so vil tusend aid als bescheben sind zuo dem hus von Oe. mit ainem wort nit absoluiert, es wär denn baider tail will vnd wissen gesin. Diser spruch beschach in dem jubeljar in dem ougsten. Cod. 657 p. 130. 131.

Als man v. d. g. or. zalt 1448 jare vff mittwochen vor sant symon vnd judas tag (23. Oct.) do hetten der von eberstain vnd hans von rechberg vorhin by vier oder sechs wochen ir gelt zuo rinuelden gezeret vnd vs vnd in geritten mit iro gelait vnd willen, vnd hattend angelait vnd gemacht das sich vff den obgenanten tag zwai scheff hin zuo als bilgrin machtend. Vnd vnder den was nun ainer als ain sant johanser her, vnd vff die fuor nun ain scheff als ain schitterledi, in dem warend zwai hundert gewapoter man. Vnd als nun die zwai scheff bilgro valantand vnd ordenlich vber die bruk in giengend, je zwen vnd zwen, vnd so also wol hundert in die stat komend, do machtend sie ain geschrai, vnd schluogend ainander in der stat, das wol sechzehen erstochen wurdend von der stat. Die wyl kamend die bilgrin in den zwain scheffen alle vff die brugk vnd der von rechberg mit sechs pfäriden wust her für vff si vnd traib si huffend vnd mit ainem gedräng hin jn vnd vff jn. Do zugend die zwai hundert gewapoten, so vnder den schitern gelegen warend, vnd vff die zoch nun der von eberstain vnd der alt von grüeningen mit ettlichen edeln mit ainem roszüg, die nun och vff brauchend, vnd kamend also in die stat. Do warend die zwai hundert gewapoter geordnet war si horttend, vnd wysset jegklicher sin stat, vnd also was ze hand die stat besetzt vnd die tor verrigolt vnd beschlossen. Vnd ward also in der stat fryd geruefft an dem lib vnd muost sich mengelich samlen an dem blatz, vnd da stuond hans von rechberg, der von eberstain, der von grüeningen vnd ettlich edler mer mit jnen, vnd hettend raut vnd saitend do dem volk, wie si brüchig wärind an irem herren gewesen vil jar, vnd sinen gebotten vnd manungen warend vsgegangen, darvmb si ir lib vnd ir guot billich nach allem rechten verloren hettend; aber der fürst hett erbormd vnd wolt si dannocht nit tötten, doch vmb ir guot müestind si komen. Vnd tribend an der mittwochen vas vnsäglich vil lüt vnd volk, die si alle tribend an den wald aldo der galg stat, vnd ersuochtend si vnd liessent inen bloss ir notturfft klaider, das si sich bedecken möchtend, vnd schiktend si enweg. Vnd mornend am dornstag was beliben was, tribend si och vas, vnd an dem frytag was barschaft, silbergeschir, silber klainst, bettgewät, gewand, dekinen, stuollachen, stuolküssen vnd was farendes was, das si heben vnd getragen mochtend, das fuortend si mit jn enweg, vnd das man sprach, si hettend mer dann hundert tusend guldin wert funden on ässig ding, vnd das dann der stat zuo gehort, sich da mit ze weren. Dacher p. 387. 388.

It. anno dni Mccccxlviiij an dem xvij tag brachots do verbran das kloster da die frowen inn warend ze e n g e l b e r g in der schwitzer land, vnd da der aidtgenossen kind in warend ze ettlichen ziten vff hundert, minder oder mer, vnd vf diss mal lxxv. Vnd also hat der almächtig gott durch ain gerechtikait geordnet, als die obgenanten aidgenossen vil frowen vnd münchklöster verbrant

114. Das schloss riefelden ward gewunnen.

Anno dni Mccccxlv vmb sant bartholomee zugent die von basel, bern, solodorn vnd ander aidgnossen für das schloss rinfelden, vnd gewunnen das herlich schloss vnd vil guotz zügs dar inn, die gross büchs so die von basel zuo varnsperg verloren hatten, vnd vil andern zügs. It darnach zugent si gen seckingen vnd belagen das ouch stark, vnd notten die statt ouch vast mit schiessen vnd mit andren sachen; aber si zugent vngeschaffet dannen, won die herschaft hatt ainen grossen zug gesamlot vnd wolten si dannen geschlagen han, vnd do si dess innen wurden, zugent si nachtes dannen. It. der herzog von saffoy hatt inen ouch ain hübschen zug gelichen wider den küng vnd die herschafft von österrich[485].

Anno dni Mccccxlvij uff hylar satzten die von vlm der herschaft von österrich vnd den aidgnossen ain tag gen vlm, als das der anlauss inn hatt[486]

---

485) Nur bei Sprenger p. 142b unter ganz andern sachen. 486) Ebenso p. 142.
487) irrig korrigirt viiij.

hattend, das von grosser armuot münch vnd nunnen muostand sich verlouffen vnd verschiken in andri klöster. Also ist es darzuo komen, dass iri kind von dem selben kloster von engelberg der herren klöster luffend, won si dar in nit beliben mochtand, vnd louffend in dem land vmb ellend vnd wis loss, vnd das ist ain gross sach, won das kloster von engelberg ist ain vsbunt gesin für alle klöster, die in vnserm land warend, sunderlich von frowen, besunder mit guotem erbern leben, vnd ist och kain trost nit das das selb kloster jemer mer gebuwen werd. won ir güeter vnd hüser vnd das si hand gehept in den landen vor dem gebirg, ist in dem obgenanten krieg mit den von zürich gantz verderbet. Cod. 657 p. 131. 132, womit diese gleichzeitige Quelle leider aufhört. Wiederaufbau des Klosters 1455.

Anno dni Mcccl jar, am mentag nechst vor mitervasten (9. März) hond die von frowonfeld gehult dem durlüchtigen fürsten vnd herren h. sigmunden v. Oe. vnserm gnedigen herren, vnd haut vns vnser gn. h. her hertzog aulbrecht sin vetter der aiden, so wir jm gelopt hatten, gantz erlaussen mit sinem vrkunde, siner brieffen vnd sigeln, die er vns darumb erzöuget sinen räten, besunder her hans v. clingenberg. Königsh. Cod. 630 p. 301. 302.

Anno dni Mcccl jar vff sant bartholomeus tag (24. Aug.) schwuorent die von zürich widervmb zu den aidgn. vnd woltent den punt nit halten, den si mit ainer herrschaft gethan hatten, wie wol si brief und sigel darumb geben vnd ouch geschworn hand, die ain herschafft von jnen noch inn hat von iro wegen. Königsh. Cod. 630 p. 302.

It. Anno dni Mccccolviij[487] an dem xv tag des mayen, vnd ist gewesen viij tag nach pfingsten, do hat es geschnigt vnd was ain kalter tag, vnd in der nacht viel ain gross riff, dass etlich wasser gefruren, vnd erfror gross guot an den reben, vnd beschach grosser schad vff die selben nacht. Hü p. 250 (noch vor Isenhofors Spottlied).

115. Schiessen ze costentz.

It. es ist ouch ze wissend, als man zalt nach der geburt cristi Mcccclviij
jar, in dem ersten herbst monat, da haltend die von costentz ain schiessen
angesechen, vnd wol dryzechen abentüren ves geben; darzuo si berüefft
hatten herren, graffen, fryen, ritter vnd knecht, stett vnd lender; darzuo
vil herren, stett vnd lender kament. Vnd e dass es ain end neme, da
ward ain vnwil entzwüschent aim burger von costentz, vnd ainem gesellen
ves den aidtgenossen, mit namen von lucern. Dess nament sich die von
lucern zuo argem an, vnd vnderstuonden sich die von costentz darumb
zuo überzüchend, vnd manten dar in ander aidtgenossen. Also zugend
si herus wol mit viertusent mannen, vnd lägertend sich gen winfelden
im turgöw, vnd lagent da wol vier tag, vnd zergangtent die wingarten
vnd wimlottent, vnd gewunnent das schloss daselbs, doch wuostent si dar
in noch an dem huss nütz, denn junckher albrecht von sax fry vnd ander
lantzherren vnd stett die redten darin, vnd also mainten si zuo ziechend
für costentz. Da tädinget darin der bischoff hainrich von costentz durch
sinen vicarium, vnd ward darin geredt, dass die von costentz gabent den
aidtgenossen drü tusent guldin; die gab man inen ee dass si enweg zu-
gent, vnd herr berchtold[448]) vogt, dess winfelden was, wan er nit do zemal
im land was, do ward darin von den vmb sässen getädinget, dass man den
aidtgenossen versprach zuo geben zwai tusent guldin. Das ward fünf tu-
sent guldin, die inen da wurden, vnd hattend doch nit vil gelimpfes dar
zuo, denn der vnwil, der sich zuo costentz vff erhuob, was ain vnendlich
sach. Vnd also so si hinweg zugent, do nament si was si mit inen hin-
weg mochtent bringen von winfelden[449]) zza).

---

448) bechtold Hü. 449) von winfelden f. Tsch.

zza) Des jaurs etc. 1458 hattend burgermaister vnd rate vnd och die schiess
gesellen zuo costentz fürsten vnd herren, rittern vnd knechten vnd andern erbern
lüten iren guoten fründen zuo ere, kurtzwil vnd dienste dryzehen fry auentüren ve-
geben vnd dar vm mit dem armbrost kurtzwylen vnd schiessen laussen vff den
nächsten sonntag nach vnser lieben froun tag zuo mittem ougston. Das sind
namlich: des ersten ain verdakt pfärit für 24 guldin, aber ain verdakt pfärit für
18 guldin, ain v. pf. für 14 guldin, ain verdakt och für 10 guldin, ain verdakter
ochss für 8 g., ain verdakter och für süben guldin, ain silbriner becher für
5 guldin, ain s. b. für 5 g., ain s. b. für 4 g. ain armbrost für 3 g, ain guldin
ring für 2 g. aber ain g. r. für 1 g. vnd ainen rinischen guldin. Vnd soltend
dar vmb fünff vnd viertzig schütz beschehen, vnd lait jegklich armbrost in den
toppel ainen guldin, vnd giengen auentüren vnd toppel mit ainander ves. Vnd
nach dem vagang des schiessens welche schützen dan kain nachen gehebt haben,
die solten alle stechen vmb den letzsten guldin, vnd dem fersten schiessgesellen
solt werden och ain guldin. Füro warend dry auentüren zuo den vorgenanten auen-

It. vff dem vorgenanten abzug zugent etlich der aidtgenossen gen ra p-
perswil, vnd liess man si daselbs in; da zwungend si dieselben von
rapperswil, dass si in schwuoren. Da wichent etlich der besten vss der
statt, vnd kamen zuo hertzog sigmunden von österrich, der do zemal sess-
hafft was an der etsch ⁴⁹⁰).

116. Hertzog sigmunds tag ze costentz.

It. also in disem jar kam hertzog sigmund von österrich mit siner
frowen, geborn ain küngin von schotten, beruss gen schwaben, vnd nam
das land in, das vorhin gewesen was hertzog albrechts, sines vetters, vnd
besach etlich schloss, mit namen wintertur, diessenhoffen, frowenfeld vnd
feldkirch, bregentz vnd ander stett an dem rin vnd ouch im elsäss, vnd
belaib also in disem land bis an die vasten ⁴⁹⁰).

It. als man zalt Mccclix jar, da satzt der vorgenant hertzog sigmund
ainen tag gen c o s t e n t z, vnd hat darzuo berüefft graff volrichen von wir-
tenberg, vnd ander graffen, fryen, ritter vnd knecht, vnd vff den selben tag
ward geworben durch bischoff hainrichen, geborn von hewen, an die aidt-
genossen vmb ain guotlichen tag zwischent dem hertzog vnd den aidt-
genossen; aber vff den selben tag ward nüt getorffen ⁴⁹¹), denn es ward ain
bestand daran biss vff sant johans tag nächst dar nach, vnd da zwischen
vff sant vrbans tag kamend aber von (beden) tailen bottschafften, da ward
der alt frid bestät ⁴⁹⁰).

---

⁴⁹⁰) blos bei Hü. ⁴⁹¹) getroffen?

türen vsgeben. Das was ain guldin ze loffend, ain guldin ze springend vnd ain
guldin stain ze stoussend. Der sitz war hundert vnd fünff vnd dryssig schrit wyt.

Vff dem schiessen ward ettwas zerwurffnuss von ettlichen der aidgenossen
vff dem indern brügel by dem schiessen von spiels wegen, also das ainer von
zürich, genant hainrich waldman, geschlagen vnd von ainem, genant der prunner,
zuo der erd geworffen vnd ain grosser vflouff ward, och hannss von cappel, do
zemal burgermaister zuo costentz, in dem gerümel geschlagen. Das ward nur
alles gericht vnd geschlicht. In dem do luff der obgenant hainrich waldman
über die richtung gen lucern vnd verclagt da die von costentz, vnd nam sich
des der hasfurter an vnd sprach: wa man jm ain har vsgerofft hett, da müeste
man jm ettweuil guldin für geben. Vnd nom des ersten ain böual volk an sich
biss achthunderten, vnd kamen gen winuelden in der wochen vor des hailgen
crütz tag ze herpst, vnd hettend sich vnderstanden den von costentz die frucht
vor der stat zuo wüestend. Also vff des hailgen crütz abend do schicktend die
von überlingen den von costentz by fünff hundert mannen wol erzügtes volks,
die von lindow bi zwai hunderten vnd die von buochorn by (Lücke). Also ma-
notend die aidgenossen, so zuo winuelden lagend, hinder sich in die lender, das
si sich sterktend von tag ze tag, das ir by z z a ¹) tusenden ward. Dacher
p. 417. 418.

---

z z a ¹) Leer gelassen.

It. da zwischen als da uor stat. do kam der vorgenant berchtold vogt, sesshafft zuo winfelden, vnd ward burger ze zürich wider die von costentz, vnd vordret an die von costentz die ij tusend guldin, die er den aidtgenossen gab, vnd maint, er wäre dero von costentz wegen zuo sölichem schaden gedrengt; aber jm ward nüt[490].

117. (Hertzog ludwig von bayern)

It. in dem vorgenanten jar, als man zalt Mcccc[492] jar, do zoch hertzog ludwig von bayern zuo lantzhuot für die statt werd, vnd zugend mit jm der pfallentz graff by rin, marggraff albrecht von brandenburg, vnd graff volrich von wirtenberg, vnd vil ander herren, graffen, fryen, ritter vnd knecht, vnd gewonnen die selben statt. Dar nach in dem genanten jar verruofft kaiser fridrich von österrich, römscher kaiser, den selben hertzogen ludwigen für ain ächter, vnd bannet jn schwarlich, da durch die vor genanten herren, margraff albrecht von brandenburg vnd graff volrich von wirtenberg wider jn warend, vnd ward ain tag an gesechen gen nürenberg. Dar zuo kamen vil herren, mit namen margraff hans von brandenburg, vnd hertzog albrecht vnd hertzog sigmund von österrich, vnd hertzog ludwig von payern, vnd hertzog hans von münchen, vnd vil ander herren, graffen, ritter vnd knecht, vnd vss disem land was ouch da graff volrich von montfort[493]), vnd mit jm ludwig von helmstorff ritter. Da ward dem selben hertzog ludwigen die vorgenant statt werd wider ab gesprochen, vnd ward do zemal verricht[490]).

118. (Die von stain).

It. dar nach als man zalt Mcccclx jar, an der[494]) fassnacht in dem selben jar verbunden sich die von stain zuo den aidtgenossen.

119. (Die schwitzer zugend in das allgöw).

It. es ist ouch zuo wissend, in dem jar als man zalt von der geburt cristi Mcccclx jar, in der fasten, do zuchent der schwitzer[495]) wol bi xxx vnd ccc über den boden seo[496]) in das allgöw vnd jörg bek[497]) über den apt von kempten, vnd zuchent wol ain mil für ysani hin in. Da hatt sich gerüst her walther von hochnegg bi ainem dorff, hatt bi jm ob fünf hundert knechten, vnd vnderstuondent den schwitzern zuo werind in das dorff zuo ziechind. Do vnderstuondent sich die schwitzer mit gewalt dar zuo ziehen[498]), vnd ward her walther selb erschlagen, vnd ob viertzig vnd hundert puren bi jm, wan si fluchent gelich, vnd ward der mertail[499]) an der flucht erschlagen. Die schwitzer verluren zwen man, vnd wurdent ir

---

492) f bei Hü. lviij. 493) v. Tettnang, Wilhelms Sohn. 494) Tsch. schiebt ein „alten". 495) Dieser Name das erstemal hier. 496) Hü. blos see. 497) Tschudi hat statt des Namens blos N. 498) Do vnderstuondent — f. Hü. 499) der mertail ward Hü.

ouch etlich wund, vnd also kament si wider hinüber⁵⁰⁰), dass inen nieman nüt tät⁵⁰¹).

120. Aber von hertzog ludwig von payern.

It. es ist zuo wissen, als die vorgemelt richtung beschach zuo nürenberg an hinschand⁵⁰²) hertzog ludwig von payern vnd margraff albrecht von brandenburg, ouch dem pfallentzgrauen bi rin, die bestuond also biss in die fasten als man zalt im lx jar; do huob sich der krieg wider an, vnd was das das hopt vff dem ain tail hertzog l u d w i g v o n p a y e r n pfallentzgraff bi rin, der bischoff von mentz; vff dem andren tail was ouch margraff albrecht von brandenburg vnd der hertzog von sachsen, graff volrich von wirtenberg, der bischoff von aystetten. Also macht sich der krieg für a y s t e t t e n, vnd belag es mit macht vnd so lang biss dass si es vff gabend, vnd gewan es der hertzog. Also do er es gewunnen hatt, do zoch er mit sinem züg für das stättli r o t, das was des margraffen, vnd gewan es ouch, vnd schluog da für sin wagenburg, vnd lag in dem feld mit grosser macht. Do zoch der hertzog von sachsen vnd der margraff von brandenburg zuo jm in das feld, vnd schluogend ir wagenburg ouch, vnd lagend mit macht ouch darin, vnd lagend als nach bi ainandren, dass ietweder tail mit sinen büchsen in des andren her schoss, vnd lagend wol bi drig oder iiij wuchen gegen ain andren, vnd schadgoten ain andren schwarlich, dass der hertzog von inen wol bi xvc knechten verlor; vff dem andren tail ward ouch etwa manger verloren, doch verlor kain namhafftiger man denn ain graff von kirchberg, was vff des margraffen tail, vnd lagend also in dem feld vnd ward in dem feld gericht, dass si vngestritten von ain andren zugend. Doch ward es hertzog ludwigen wol gericht zwischen jm⁵⁰³). Vnd in dem selben krieg hatt graff volrich von wirtenberg geschikt dem margraffen in das feld ain schönen züg, vnd muost sich doch allweg des pfallentz grauen weren, denn si warend anheber des kriegs, vnd fuogt sich ains mals, dass des pfallentz grauen züg vnd dess von wirtenberg züg vff ain andren stiessend, vnd was ietweder tail wol bi cc pfärden, vnd traffend mit enandren, vnd wurdend bi xx edel vff des pfallentz grauen sitten gefangen; dem von wirtenberg ward och etwa mang edel gefangen, doch do behuob graff volrich von wirtenberg das feld. Der hornegg der floch wol mit lxx pfärden da hin, was vff des pfallentzgraffen siten; ouch schadgot der pfallentz graff vnd hertzog ludwig am rin ain ander schwarlich. Es ist ouch menger lay⁵⁰⁴, in dem krieg beschechen⁵⁰⁵), das nit hernach alles geschriben stat; es ist ouch der mertail als beschechen an zwischen der fassnacht vnd dem ougsten in dem jar als man zalt von cristus geburt Mcccc vnd in dem lx jar⁴⁹⁰).

---

⁵⁰⁰) wider haim Hu. ⁵⁰¹) Vgl. Tschudi II. 597. 598. ⁵⁰²) sic. ⁵⁰³) inn d. h. ihnen? ⁵⁰⁴) noch heute in der Nordostschweiz substantivisch üblich, z. B. „das ist en anderi Lei Biren". ⁵⁰⁵) Hü. verschr. „beschriben".

121. (Die aidtgenossen zugent in das targöw).

It. es ist ouch zuo wissend, als diser vorgemelter krieg gericht ward
an dem herpst des vor gemelten jares, saittend die aidtgenossen hertzog
sigmunden vnd den sinen ain fintschafft, vnd zuchend von stund an
gen frowenfeld, vnd gewunnen es, denn si gaben es vff vnd zuchend
do mit MM mannen das turgew vff über rin gen fussach, vnd ge-
wunnend die burg, vnd erschluogend wol xvij man dar vff. Si schatgoten
si ouch bürlich her uss e dass si es gewunnen, vnd woltend do gezogen
sin gen bregentz; do ward dar in geredt, vnd gaben jn die von bregentz
MM guldin, dass si vngeschadgot belibend. Si brandschatzten ouch die
von torbüren vm xv hundert guldin. Do das beschach do schluogend die
aidtgenossen ain feld für das stättli wintertur, vnd schussen vast dar
in; si schussend ouch vast heruss. In dem selben feld vor wintertur la-
gend die zwen gradner, die vor der hertzog gar lieb hatt gehept, vnd
sin gar gewaltig waren gewesen, vnd waren burger zürich[506]).

122. (Die puren im hegew.)

It. es ist ouch zuo wissen, als in dem vorgemelten zit, do wurffen sich
etlich puren in dem hegew ab iren herren, vnd machtend ain fenly vnd
dar an ain buntschuoch[507]), vnd vnderstuonden ir natürlichen herren zuo
bekriegend, vnd warend die löff hert, dass niemand wisst, vor wem er sich
huoten solt[508]).

---

506) Tschudi II. 603. 604.   507) Hü. verschr. buschuoch.   508) Hier fügt die Zü-
richer Abschrift, während Tsch. niemanden nennt, bei: „vnd ich her hans huoply
(sic) han die coronik vss geschriben an dem samstag vor thome, do man zuo den bar-
fuossen complet lut in dem lxij jar", womit sie endet.

Berichtigungen und Nachträgliches.

S. X Z. 4 lies 806 st. 608.

S. 3 Note 22 hat Sprenger richtig basthart.

S. 4. Die Verse nennt Stumpf L 291. „ein alt adenlich sprüchle", auch Bullinger
Chron. I. hat sie: Darumb luth der alte Spruch „Fromb, wyss vnd milt Hort
in dess adelss Schilt; Lebt der Adel ohn Vernunfft, So hördt er in der Puren
Zunfft. "

S. 8 Z. 5 und 4 v. u. lies Pfullendorf, und Vonarx.

S. 10 Z. 22 lies er statt ar.

„ 13 Z. 22 v. u. lies kiemen.

„ 17 Z. 15 lies dester me.

„ 17 Z. 4 v. u. nach Schwiegersohn Komma.

„ 21 Z. 1 dem apt.

„ 22 Z. 8 v. u. warb.

„ 27 Z. 22 Kriegs Namen.

„ 31 Note dd). Auch Guilliman Habsb. VII. 3.

„ 32 Z. 21 alsatiae.

„ 33. Das von dem von Lupfen hat auch Sprenger, aber volrich st. ruo-
dolf von rüsegge, dann wilhelm hochkelm, und unten vollständiger „diet-
helm von wissenburg, her cuonrat der haiden sin sun, fridrich von wissenburg
ouch sin" —.

„ 39 Z. 3 Komma nach liechtenberg.

„ 39 Z. 14 v. u. in der wetterau.

„ 39 Z. 12 v. u. Vnd wirt gelesen.

„ 40 Z. 16. 17. Die Worte „dis künges schwöster Vad." sollten unten als Note
232b. stehn.

„ 65 Sprenger hat den Brief an den Brandenburger eben so mitten im Züricher-
kriege, aber noch unkorrekter.

„ 82 Z. 18 lies zürich und zugend.

„ 88 Note 212. Sprenger hat deutlich fuotroten.

„ 103 Note 345 Heuet.

„ 116 Sprenger schreibt in Rubrik 94 falsch grifense. Note s). Es folgt eine
Fortsetzung, aber erst was hier p. 207 ist. Es fehlt Alles von § 94 — 171.

Doch hat diese Abschrift allein was in § 142, p. 149 als hinten folgend an-
gekündet ist, und wirklich völlig am Ende und als Schluss des Ganzen,
p. 143 — 146.

S. 149. Anno dni Mccclxxxix do machten die richstett rotwil, rauenspurg, über-
lingen vnd ander richstett ain frid siben jar zwüschen der herschaft von östr.
vnd den aidgnossen. Do zuo mal was hertzog albrecht von östr. hertzog lüt-
polts bruoder, der zuo sembach erschlagen ward, herr in disen landen; er was
ouch nit in disen landen, do diser frid gemacht ward, denn sin lantvogt vnd
ander sin rätt vnd ouch sin stett zuo turgöw vnd im ergöw namen talso disen
frid, dass es nit jederman lieb was.

Hienach sind geschriben die stuck vnd artickel dess frid.

It. des ersten süllent vud mügent die aidg. disen frid uss vor der herschaft
von östr. vnd vor den jra ruowenclich inn haben was si sich der selben her-
schaft guot vnder zogen vnd in genomen hand, es sigint schloss, stett, taler,
land oder lüt, die si inn hand, in disem frid sicher sin vnd an alle dienst
beliben.

It. vnd ouch was die lüt so in den selben schlossen, stett, vestin oder len-
der sint, gelüpten, verpuntnuss oder aiden getan hand zuo den aidgnossen,
da bi söllent si disen frid uss beliben vnd vnbekümbrot sin, es were denn
dass sich dehainer davon ziechen wölt an geuärd.

Es sol vnd mag zuo beden tailen ain jeglich person, es sigint frowen oder,
man, ir güeter, es sigint hüser, hofstett, hopt gült, zechenden, acker, wisen,
holz oder feld, wo die gelegen sind, haben vnd niessen ruowenclich, besetzen
vnd ontsetzen disen frid uss, als jnen das nutz ist vnd si guot bedunkt.

It. es sol ouch ze beden tailen jeder man bi sinen lechen bliben vnd die
niessen vnd die haben in aller der mauss als vor disem krieg vnd als vor den
unfellen vnd ab enpfachung dehain geschechen wer an alle geuerd.

Wer ouch das uss dewederm tail jeman uss wendig dewederm kraiss in
zwingen oder bennen hinder dem gegentail sitzen wölt, der mag das wol tuon
doch also dass der selb der in die zwing züchet, den selben zwingen vnd ben-
nen gnuog tuon sol, vnd dass er die zinss richt vnd gebe, als er mit dem hin-
der dem er sitzet, über ain kumpt, doch uss genomen dass der selb hinder-
säss von sinem lib nüt stüre noch dienen sol vngeuarlich; aber in dem selben
stuck ist das siben tail vnd was dar zuo gehört, ussgenomen vnd uss geschlossen
disen frid uss.

Es ist ouch berett, als die aidgnossen die statt wesen in dem vorgenanten
krieg zuo iren handen nament, vnd ouch da der burger etlich den aidgn hulten
vnd zuo jnon schwuoren vnd gelopten, vnd aber der selben gelüpt dar nach
abgiengent, dass da die selben lüt disen frid uss zuo wesen mit irom lib ni$_t$
sesshaft söllent sin: doch so mügent si ir güetter wol da selbs niessen vnd
besetzen vnd ontsetzen oder verkouffen, als jnen denn das nutz oder guot ist.

Aber die andren personen, die gen wesen gehörent vnd an der herschaft von
östr. vnd an den iren beliben sind, vnd zuo den aidg. nit gelopt hatten, die
mugent wol ze wesen wonhaft sin vnd ir guot da niessen.

It. es söllent ouch die lüt in der mitlen mark, die an der herschaft von östr. beliben sind, vnd den aidgn. nit geschworen hand, der ogenanten herschaft vögt vnd amptlüten dienen vnd mit allen sachen gehorsam sin als vor disem krieg uns vngeuarlich.

Es ist ouch berett, dass die von surse in dem sew zuo sempach visohen söllen vnd mögent in allem recht vnd in aller mauss als die von sempach, jetweder tail von dem andern vnbekümbrot, vnd söllent ouch die von surse ainem se vogt den die von lucern dar setzen tuond vnd gehorsam sin zuo glicher wiss als die von sempach vngeuarlich.

It. es söllent ouch die aidg. alle die wil diser frid woret, kainen burger noch lantzman enpfachen noch nemen, er welle denn in ir statt oder ir lender ziechen vnd bi jnen wonhaft sin.

It. die vorgenanten aidg. stett vnd waldstett all gemainlich noch sunderlich söllent ouch in disem frid nach kainem schloss, stett, vestin, landen noch lüten, die der herschaft von östr. sint, noch dero die zuo jnen gehörent, nicht stellen, dass si die icht in nement oder sich ir vnder windint in dehain wiss; das selb sol die vorgenant herschaft vnd die iren den aidg. vnd denen die zuo jnen gehören, ouch zuo glicher wiss hin wider tuon.

It. es ist ouch berett, dass burkart von seniswalt vnd die burger von wangen ain guoten frid mit ainander haben vnd halten süllent alle die wil diser frid weret, vnd zuo glicher wiss söllent die von wietlispach, olten, pip, erlispurg, von wangen vnd was darzuo gehört, vnd die von bieln ouch ain frid mit ainander halten vnd in disem frid begriffen sin alle die wil vnd er werot.

It. es söllent ouch der herrschaft lüt von östr. vnd die selben so zuo der herschaft gehören, si sigint in stetten oder uff dem land, den vorgenanten aidg. vnd allen denen die zuo jnen gehören, hinwider tuon vnd allen kouf geben vngeuarlich; das selb söllent die aidg. der herschaft lüt widerumb tuon zuo beden tailen mengelich ruowenclich vnd fridlich zuo dem andren wandlen an alle uffsätzt in stett, in lender vnd uff dem wasser allo die wil vnd diser frid weret, mit koufmanschatz vnd mit allen andern sachen als vormauls, o dass diss misshellung vnd krieg gedauoht ward, an allo geuärd.

It. die vorgenante herschaft von ö. noch die jren söllent ouch in disem frid kain zol noch gelait uff die aidg. noch uff die jren nit legen noch setzen denn vngeuarlich als es vor disem krieg was, doch vss genomen dass die aidg. zuo klotten kain zol geben söllent diewil diser frid werot.

It. was ouch geltschuld vor disem krieg oder in dem krieg uff geloffen ist, die mag zuo beden tailen jederman zuo dem andren vordren vnd suochen mit beschaidenhait oder mit dem rechten, als gewonlich ist, vor dem richter da der ansprechig gehört oder gesessen ist, vnd sol man ouch da dem cleger bi dem end vnuerzogenlich richten vnd dos rechten beschaidenlich bi gostan vnd gestatten; beschäch das nit vnd das kuntlich wurd, so mag der cleger das recht wol fürbass suochen an den stetten do es jm füeglich ist an geuärd.

Wer ouch dass in disem frid jeman mit den aidg. kriegen oder uff si ziechen wölt, als bald das der vorgenanten herschaft ir amptlüten oder ir stetten von den aidg. verkünt wirt mit briefen oder mit botten, so ensol die selb herschaft noch ir stett, vestin noch schloss, friburg in nüchtland noch ander ir stett die in disem frid begriffen oder benampt sind, der aidg. widersachen nit enthalten, weder husen noch hoflen, noch durch die selben stett, schloss noch vestin nit laussen züchen, vnd söllent inen ouch kain kouff noch ze essen noch ze trinken geben disen frid uss, es were denn dass si mit den solben aidg. in disem frid bericht wurdint. Das selb süllent die vorg. aidg. der herschaft von ö. vnd den jren widerumb tuon.

Es ist ouch in disen sachen aigenlich berett, dass jeman were, der der herschaft oder den jren zuo gehörte, sunderlich, das gott nit welle, wenn denn die egenanten herschaft von ö. oder ir amptlüt darvmb ermant werdent mit botten oder mit briffe vor dem oder von denen geschadigot sind, so sol die egenant herschaft oder ir amptlüt, schulthaiss, rätt vnd burger, vnder denen die gesossen sind, die den schaden oder den fridbrech getan hand, bi jren aiden vnuerzogenlich dieselben fridbrecher an ir lib vnd guot wisen vnd halten so ver si mugent, dass si den schaden vnd den angriff fürderlich wider kerent vnd ablegent. Breche aber an der herschaft lüt jeman disen frid mit todschlag oder mit brand, zuo des selben lib sol man an fürzug richten nach recht, das selb söllent ouch die vorgenanten aidg. der herschaft vnd den jren zuo glicher wiss wider tuon.

Beschäch ouch ain übergriff an dewederm tail, das got lang wend, dar vmb sol die herschaft vnd ir amptlüt gegen denen von zürich, lucern, zug, vre, von switz vnd von vnderwalden gen var an das oloster, vnd söllent die von luoern, zug vnd die waldstett gen zürich komen, vnd söllent denn die von zürich von der jetz genanten ir aidg. oder von ir selbs wegen gen var in das oloster zuo tagen komen, vnd sol ouch diss bi dem aid vnuerzogenlich beschoohen in den nächsten vierzechen tagen, wenn deweder tail vmb sölich übergriff von dem andren zuo tagen gemant wirt, vnd söllent ouch denn da zuo beden sitten zuo dem selben ufflouff ernstlich reden, wie si mit lieb übertragen werdent.

Were aber dass die selben saohen mit früntschaft nit verricht möchtin werden, werint denn die übergriff an der herschaft von ö. oder an den jren beschechen, so sol die selb herschaft oder ir amptlüt ainen gemainen man nemen in den rätten der stett oder des lands, von dem si oder die jren geschadgot sind, welchen si wellont; beschächen aber die übergriff an den aidg. gemainlich oder an dchainem besunder jrem burger oder lantman, oder an jeman der zuo jnen gehört, so sol die statt oder das land, die denn geschatgot sind, ainen gemainen man nemen in der herschaft rätten, die sie zuo ergöw vnd zuo turgöw hand, welchen si wellen vnder denen, vnd sol ouch vnser herschaft vnd die aidg. wann die gemainen gesetzt sind, dieselben an fürzug dar zuo wisen vnd halten, dass si sich der sach an nemint, vnd sol denn jetwedrer tail dri erber man zuo den gemainen setzen, vnd die selben siben man süllent denn zuo den hailigen sweren, die vorgeseite misshelung vnd stöss, als dick es zuo schulden kumpt vnd es derwedrer tail vordrot, vnuerzogenlich uss richten zuo der minne oder zuo den rechten, vnd wie es die selben siben gemainlich oder

der mertail vnder jnen denn uss richt, da söllent denn die bed tail war vnd stät halten vnd genzlich volfüren an wider rod, vnd was sach oder übergriff in disem frid von dewederm tail beschächint oder uff luffent, dar vmb sol der vorgenant frid nit verbrochen noch zerdrent werden, denn dass man vmb jeglich sach für die gemainen vnd für die schidlüt zuo tagen komen vnd jnen gehorsam sin sol, als vor beschaiden ist, vnd dass diser frid in aller siner macht vest vnd stet beliben sol als vor vnd nach hie geschriben staut.

It. es hand ouch der herschaft rätt die disen frid uff genomen hand, den aidg. versprochen ain brief zuo geben da dise stuck vnd artickel all in begriffent sigint, als sie hie geschriben stand, vnd sol der brieff besiglot sin mit sinem anhangenden sigel des hochgebornen durchlüchtigen fürsten vnd herren hertzog albrechts von ö. vnd söllent das also getrüwlich werben vnd schaffen, dass es bescheche, dass diser brief also besiglot vnd gemacht werde an fürzug hinnen zuo ussgender pfingst wuchen, so nächst kompt. Disser frid ist berett vnd beschlossen an dem ersten tag im aberellen anno dni Mccclxxxviiij; aber er ward erst uff sant jörgen tag offenlich gerüefft." Hiemit schliesst Sprenger.

S. 171. Der Brief Hertzog Friderichs 1412 folgt in Sprenger p. 66 ohne irgend Ordnung auf die Hungersnoth in Raperswil 1444.

Hierauf fehlt abermal Alles von p. 171—207.

„ 199 müssen unten 2 Verse so lauten:
<blockquote>
A catholica fide appostitasti,
Et solemne studium pragense desolasti?
</blockquote>

„ 207. Hier fehlen in Sprenger wieder die §§ 32, 33, 34.

„ 209 in der Grabschrift hat Spr. Z. 5 Tentros.

„ 210 fehlt bei Sprenger alles von dem Passus an „It. die kayserin". So § 38 die Verse, wie die von 39 und 40.

„ 215 Z. 7 und 8 hat Spr. pferd statt ross. So später. Die Wortfolge ist hie und da bei ihm eine andere, auch die Formen meist älter, z. B. forderot, mechtigost, wiehenächt st. wienacht, gan (freilich gaun) st. gon, an (aun) st. on. (nicht aber, wie der Druck in den Züricher Mittheilungen hat „ez, gehaizen, daz, waz, hiezend, aintwederz, fliuzt, wazzer, uzer" u. s. w. sondern, wie im 15. Jahrhundert gebräuchlich, ohne Ausnahme, „ces, gehaissen, dass, wass, hiossend, aintwederss, flüsset, Wasser, ussor"). Statt „ducht" immer „bedunkt".

S. 218 Z. 17 hat Spr. huoren oder buoben.

„ „ Z. 10 v. u. hat er fehlorhaft xiij paner.

„ 219 Z. 21 hat Spr. vollständiger „ouch dar nach ain gross silbrin kanten, vergült, voll guldin, vnd ain grossen — —"

„ 220 Z. 19 hören st. hörden.

Hierauf hat Spr. sinnlos sogleich die Hungersnoth 1444 in Raperswil.

„ 221 Z. 15 derselbo felkilch st. fältlin. In der untersten Z. hat er 2¼ lb. statt iij.

„ 221 Z. 16 v. u. hat er besser: dass sich jemand ab diser grossen türe vnd plag ütz besseroti.

„ 223 Z. 18 hat Spr. lützel st. wenig.

S. 223 Z. 25 fehlen bei ihm die Worte: „als danor geschriben staut" — wie er denn auch das Vordere nicht hat.

„ 224. Hier bricht auch Spr. plötzlich ab und hat auf einmal was oben p. 210 steht: Als hertzog albrecht —.

„ 227 hat Spr. marschling st. marschlins.

„ 228 nach Z. 4. „Anno dni 1436 was ain bapst zuo rom hiess eugenius der flerd. It. ain römscher küng, hiess sygmund vnd was ain küng von vngern. In dem selben jar starb der hindrost von togenburg."

Spr. sagt immer vtznang st. utznach.

„ 232 Z. 15 v. u. Sprenger: der mertail die vmb den walensc wonoten.

„ 234 Z. 8 Spr. was er si ermanen kond.

„ 237 Z. 10 v. u. Spr. scharmachel st. scharnachtal.

„ 241 Z. 20 Spr. maint ze versprechen vnd verantwurten.

„ 243 Z. 5 Spr.: wiewol die von togenburg vormaulss durch die von zürich klegt hatt.

„ 243 Z. 7. Spr. volrichen von mätsch (wie auch Tschudi korrigirt hat).

„ 244 Spr. verschrieben Nidogg st. Nidberg. Note gg). Auch Spr. hat 2000.

„ 246 Z. 21 Spr. wohl richtiger: Och was sach.

„ 247 Z. 3. Spr. vollständiger: vor der vesti ze frödenberg. Vff der selben vesti was volrich vogt.

„ 248 Z. 1. Spr. ain vest guot hus.

„ „ Z. 9 Spr. kainen schaden.

„ 250 Z. 16 Spr. tuon köndint, das weltens tuon.

„ 253 Spr. verschrieben wartnow st. wartow.

„ 254 Z. 5—8 fehlt Spr. die Stelle: ir aignon schlossherrschaft.

„ „ Z. 6 v. u. lies: vol tag — nit wol bekannten.

„ 256 Z. 15 v. u. Spr. kain korn uss ir land oder durch ir land wolten laussen.

„ 257 Z. 20 l. der aidgenossen botten.

„ 261 Z. 1 l. darzuo gebe.

„ 263 Spr. verschr. bariss st. bärsis.

„ 264 Spr. sagt nüchtland st. vechtland.

„ 265 Z. 10 l. wider haim.

„ 269 Z. 13 Spr. da weltint helfen lib nnd guot retten.

„ 270 Z. 5 Spr. die vssren, diie bi jnen warent.

„ „ Z. 5 v. u. Spr. der muotwill, die schmacht vnd ouch die schand vnd der schad.

„ 270 Z. 4 v. u. Spr. also vss der statt.

„ 272 Z. 14 Spr. ee dass si in die dörffer kamond, vnd schwuorent jnen vmb dess willen, dass si die dörfer —.

„ 273 Z. 24 Spr. gen raperswil flöchnen wolt, das huobent si uff vnd fuortent es in die march vnd gen hurden, si nament ouch küye, ochsen, schwin vnd anders was die vss grüeninger ampt gen raperswil flöchnen wolten oder geflöchnet hatten.

„ 274 Z. 3 v. u. Spr. kaltenstain gen rogenhuson (?), vnd wolten in grüninger ampt sin, vnd hatten ir wachten vnd warten bi dem kaltenstain.

S. 275 Z. 2. Der was villicht 500 mann f. Spr.

„ 376 Z. 3. Spr. It. graf hainrich von sangans mit den sinen, juncker peterman von raron mit den sinen, die von wil, von vtznang, vas dem gastren vnd andor, die denn denen von switz ze hilf vnd ze dienst gezogen waront. Die folgenden 2 Zeilen des Textes fehlen Spr. natürlich.

„ 276 Z. 13 Spr. verdorben st. ellend.

„ 276 Z. 20 Spr. grüninger ampt vnd kiburger ampt.

„ 277 Z. 2 Spr. getröst st. getorst.

„ 277 Z. 19 „ward die sach ze lucern genzlich beschlossen.“

„ 277 Z. 4 v. u. Spr. richtiger lantlüten st. nachkomen.

„ 278 Z. 2 Spr. die von schwitz vnd glaris denen von zürich.

„ 278 Z. 7 Spr. herrlikait, guot, ligents oder varents.

„ 278 Z. 18. Spr. verschrieben comether st. comenthur.

„ 279 Z. 4 Spr. ingenomen vnd abgebrochen.

„ 279 Z. 21 Spr. in der von z. hand komen, vnd hetten gern erdaucht was si hetten können.

„ 280 Z. 20 Spr. fürderlich aygent mit allem vwern vermugen, dass si bi uns beliben, besunder als lang.

„ 280 Z. 24 Spr. am Eritag.

„ 280 Note 158 a) Spr. hat sie als Text, giobt aber die Briefe nicht.

„ 281 Z. 3 fehlt Spr.

Die Rubrik 48 fehlt Sprenger wie sehr häufig.

„ 282 Z. 17 und 18 fehlt Spr.

„ 283 Z. 10 fehlt Spr. die Stelle „vnd dass si — —“.

„ 284 Z. 19. Spr. kainen glimpf gab.

Hier hat Spr. allein Folgendes:

„Man sol ouch wissen, dass die von zürich besunder guot truwen hatten zuo denen von lucern, von vre vnd von vnderwalden vnd von zug, wen die von zürich hatten ir botschaft etwa dick by jnen gehept, dass si jnen gar früntlich zuo saitten, dass die von zürich nit anders verstuondent denn dass jnen die von (verschrieben zürich) bilflich sin wöltend; denen von bern truwten die von zürich nütz guots, denn si verstuondent vnd sachent wol dass die von bern denen von switz me zuo · leitten vnd jnen günstiger vnd hölder waront dann denen von zürich.

Also schickten nun die vorgenanten fier ort denen von zürich ettwa dick ir botschaft vnd schribent jnen dass si nütz an hübint mit denen von switz vnd glaris, vnd manten si ouch dess bi iren aiden vnd eren vnd bi den pünden so si zuo samen gelopt vnd geschworn hettind; wer ouch dass jnen die von switz vnd gl. uber sölichs üts tättind oder die von zürich yena schatgotind oder an griffint, so weltend si jnen helffen mit lib vnd mit guot.

It. also uff sölichs schriben vnd manen, so die aidg. denen von zürich tautten vnd uff ir guot truwen truoktent sich die von zürich dester fürderlicher, vnd schwigen vnd saussen stil, ob es ze schulden kem, dass si dester me hilf vnd trostes hettind an die aidg. wider die von switz vnd glaris. Also vnder disen dingen zugent die von switz vnd glaris mit ir helffern in das oberland vnd nament da denen von zürich ir burgen, ir büchsen vnd anders, als das vor aigenlicher geschriben staut. Die von zürich swigen vnd saussen still, als ob si hie von nütz wistind. Do nun die von switz vnd glaris vnd ir helffer herwider ab koment vnd das oberland in genomen hattend, vnd denen von zürich ir ewigen burger entwert hatten, vnd ir büchsen mit jnen herab fuortend, als das alles vor geschriben staut, denn sassent die von zürich still, denn dass si uff dem iren dester bass huoten vnd gomten. Also nach vil teding griffent die von switz vnd ir helffer die von zürich an vnd nament denen die in den hoff pfeffikon gehorten, ir kügen vnd andren plunder vnd das si habon. Also huob man ze pfeffikon, zuo fryenbach vnd allenthalb an dem zürichsee stürmen, vnd gieng der selb sturm also zuo beden sitten des ses ab bis gen zürich in die statt, vnd allenthalb in der von zürich gebiet, das was uff aller selen tag uff mitwuchon [1]. Also uff den selben tag zugent erst die von zürich uss mit ir paner vnd mit aller ir macht, mit vil schiffen, vnd leitend sich da gen pfeffikon. Also morndees an dem donstag lagent si still; die von switz vnd glaris lagent zuo lachen vnd in der march, vnd lagent ouch still. Do nun ward an dem fritag, lagent die von zürich alwenzuo ze pfeffikon still. Des selben fritags nach mittem tag ward, zugent die von switz vnd glaris vnd ir helffer obnen den berg hin bi dem etzel, vnd huoben an ze brennen vnd ze wüesten was denen von zürich zuo gehört, vnd nament also was inen werden mocht, vnd pranten vnd wuosten bis in die nacht. Also des selben fritags do die von switz vnd glaris uff den von zürich lagent vnd die jren wuosten vnd pranten, da wartotend alwenzuo die von zürich wenn jnen die von lucern vnd die andren sidg. zuo zugint, vnd jnen ze hilf kemint, won die von zürich trostend die jren vast vnd sprachent, si hettind jnen hilf angeseit.

Aber den selben tag schribent aber die von lucern vnd die andren sidg. denen von zürich als iren guoten fründen vnd iren geträuen vnd lieben sidg. vnd baten vnd mantend aber die von zürich dass si sich beschaidenlich in den sachen hieltind vnd hübschlich füerint; si getruwtin die sachen noch zuo guotem bringen. Dennocht lagent die von zürich ze pfeffikon still. Also manten aber die von zürich die sidg. von lucern, von zug, von vnderwalden vnd von vre, so si hocher vnd tieffer gemanen kundent, ir eren, ir trüwen vnd ir aiden, vnd des punds, den si ewenclich zuo samen hettind geschworn, dass si zuo jnen zugint vnd jnen hulffint, won si vnd mengclich doch wol seche, dass si vil glimpfes vnd rechtes erwartot hettind. Also aber des selben tags vnd uff diss manung seiten die sidg. allen (alle) denen von zürich ab vnd seiten jnen ir vigintschaft, dess die von zürich übel erschruckent, als sich das bewist, won si zugent morndess vor tag enweg. Als nun die von zürich gewichen vats in die statt, vnd si sachon, dass si weder an den sidg. noch an nieman kain hilf hatten noch trost, do gabent si jnen selber ouch kainen trost, denn dass si selb vnd alle die jren gantz vn werlich wurdent, wan si warent vast er-

---

1) 1440 am 2. Nov.

schrocken vnd warent ouch dabi nit ainhellig. Also sugent nun die aidg. allgemainlich vff die von zürich vnd schadgoten si vnd wuosten die jren berlich. Hie zwüschend gieng mengs zür. für das wunderlich wer so schriben oder zuo sagen, won die von zürich warent vast ze vil erschrocken vnd verzagt. Als nun die aidg. sachent, dass die von zürich also erschrocken warent, vnd dass si sich an kainem end geregen torstend, do muostend si tuon was die aidg. wolten, vnd trostend si dennocht die richstett vast, die ouch dar vnder ritten. It. die von zürich muosten den aidg. alle ir brief hin uss geben, die si jnen geschriben vnd damit gemant hatten, dass si die aidg. dester minder vervnglimpftin vnd verolagtind, das doch etlichen von zürich vast wider was vnd vngern tautten; aber si muosten es tuon. It. si hatten ruodolfen maysen, der ir burgermaister zürich gewesen was, in ain ewigen turn geleit, da nieman nach sölt sinnen noch gedenken, dass er daruss käm, weder fründ noch maug. Es sölt ouch weder haupst noch kaiser noch küng niemer so gewaltig werden, der jm dar uss hulf; er sölt in der gefangnuss sterben Den selben muosten die von zürich ouch ledig her uss laussen." p. 104 b — 106. (Vergl. oben p. 269 Note *qq*).

S. 285 Z. 16 v. u. Spr. vmb gnad, vnd begerten vnd warent ouch darumb.

„ 286 Z. 15 Spr. fro, denn der gar wenig was; bis uff das zit.

„ 286 Z. 4 v. u. lies treffenlich.

„ 287 Z. 1 Spr. muotwillen, freuel vnd vnrecht.

„ 287 Z. 25 Spr. hören lesen st. vorlesen.

„ 287 Z. 29 Spr. Der küng was in disen zitten ze friburg vnd fuor also da selbs vmb in dem elsäss, vnd wusten die aidg. nit was er muot hatt.

„ 288 Z. 6 ritter vnd knecht.

„ 288 Z. 12 Spr. wirdigklichost vnd herlichost vnd erlichost kunden, mit allem hailtum, mit aller priesterschaft, mit allen orden.

„ 289 Z. 7 dess si — wärint fehlt Spr.

„ 292 Z. 3 Spr. gurt st. gurk.

„ 292 Z. 6 Spr. schonburg st schowenburg.

„ 292 Z. 18 Spr. welle st. will.

„ 292 Z. 23 Spr. an vns begert vnd muotet.

„ 292 Z. 26 Spr. getruwent wir denn.

„ 293 Z. 4 Spr. dess in wol benügt hett. Der Schluss fehlt.

„ 293 Z. 14 Spr. fehlt „da merk".

„ 294 Z. 7 Spr. vbern arle.

„ 294 Z. 15 vnd gewalt fehlt Spr.

„ 295 Z. 10 Spr. trüwlich halten, als si ouch das geschworn hettind. Si woltend ouch an die aidg. halten was si jnen gebunden vnd pflichtig werint; das wöltind si ouch also getrüwlich halten vnd dem nauch gan.

„ 295 Z. 7 v. u. Spr. mit rotten crützen.

„ 296 Z. 19 Spr. fehlt „dem geb er sold — ze geben."

„ 296 Z. 15 v. u. Spr. die von switz vnd die jren zuo schaden kämint.

„ 296 Z. 6 v. u. Spr. fehlt „dass er si dannen schickti."

S. 297 Z. 2 Spr. fehlt „vnd getrüw aidg. sin."

„ 298 Z. 11 v. u. Spr. vil guoter vnd holer wort.

„ 299 Z. 4 Spr. fassnacht anno dni xliij. Dafür fehlt die Jahrzahl mitten im Blatte.

„ 300 Note 237. Hil. hat es ebenfalls richtiger, und Spr. so zu sagen völlig wie hier.

„ 301 Z. 1 Spr. Vnser aller gnädigoster herr, der römsoh küng, hett semlich puntnuss selb mit denen von zürich gemacht vnd getan.

„ 301 Z. 17 v. u. Spr. behept hettint gegen der herschaft vnd dem huss österrioh, zuo dem si sich jetz nüwlich gebunden hettind.

„ 301 Z. 7 v. u. fehlt Spr.

„ 303 Z. 4 v. u. Spr. houptman, böss beringer v. landenberg, her hainrich swend ritter, der von kiburg houptmann.

„ 304 Z. 12 v. u. Spr. erst ernstlichen.

„ 304 Z. 5 v. u. Spr. mit jnen widervmb.

„ 304 Note 256. Besser bei Spr.

„ 305 Z. 3 fehlt bei Spr. das zweite „hettint".

„ 305 Z. 8 Spr. von raperswil der schulthaiss, hans der steiner sin sun.

„ 305 Z. 9 Auch Spr. hat „schliffi".

„ 305 Z. 10 Spr. schüter.

„ 305 Z. 21 Spr. erschlagen vnd erstochen.

„ 306 Z. 5 Spr. der aidg. by xij man.

Note 265 Spr. blikistn.

Note 265 a) Auch Spr. fritag.

268 b) und Spr.

„ 308 Z. 2 Spr. wider haim. Diss beschach uff sant vrbans tag, was an dem samstag.

Note 293 und Spr.

„ 309 Z. 15 Spr. haruss, vnd erstuchent ain oder zwen; aber der huff vnd mit macht.

„ 308 Z. 17 „do zugent si — fry ampt" fehlt Spr.

„ 309 Z. 4 Spr. behuobent die von bremgarten ir statt.

„ 309 Z. 7 Spr. hatten getan, vnd das burgrecht, so si vor mit denen von zürich ewenklich getan vnd geschworn, vnd alles so die von zürich mit jnen hatten.

„ 309 Z. 20 Spr. zuo den v. zür. dem vngelich geredt hatten. Alles andre fehlt.

„ 309 Z. 25—35. Alles von „zuo der alten regensporg — nüwen regensporg" (hier immer burg) ist bei Spr. übersprungen.

„ 310 Z. 17 Spr. den selben zug mechtiger vnd sterker donn sie vor oder nach nie getan.

„ 310 Z. 24 vnd suss vil hüpscher vnd guoter pfil — fehlt Spr.

„ 312 Z. 3 Spr. vor der statt hatten, vud was si an dem sunnentag zenacht uit branten das branten si an dem mentag fruo.

S. 313 Z. 1 Spr. si brachen die greber fridrichen von togenburg. Das andre übersprungen.

„ 313 Z. 10 vnd in andren gotshüsern fehlt Spr.

„ 313 Z. 15 Spr. die curfürsten vnd ander fürsten vnd herren müessig. Aber die mechtigen herren wolten sich in den krieg nit legen, der künig wäre denn selb in dem land vnd tätt dem zuo, vnd sin bruoder vnd vetter, hertzogen von österrich.

„ 313 Z. 15. v. u. die schuldigen se zürich nit strafen. Dies lautet bei Spr. Nun schickt in disen ritten der margraf der lantvogt zuo fürsten vnd zuo herren, vnd mant si von des küngs wegen vmb hilff, die curfürsten, den hertzogen von burgone, die ander fürsten vnd herren; aber do der küng nit selb zuo den sachen tätt, do giengent sin ouch fürsten vnd herren müssig, vnd kam also kain hilff, denn guoten trost hat man allwegen, vnd seit man von grosser hilf vnd macht die kem; aber zuo jungst kam nieman vnd muost man frid vnd sots uff nemen, als es ouch ain tail hie nach sagen wirt, wan die sidg. hatten kuntschaft von stetten v. sust, dass si wusten, dass nit hilff da was.

Bei Spr. steht § 95 vor 94.

„ 314 Z. 11 v. u. vnd hettint och lüt erstochen fehlt Spr.

„ 315 Z. 19 v. u. das wussten allweg ir vigent f. Spr.

„ 315 Z. 9 v. u. bruoder, wiben vnd kinden f. Spr.

„ 316 Z. 4 Spr. schluogent wib vnd kind von bremgarten. Das andre fehlt.

„ 316 Z. 10 vnd rennten inen bis an das tor, und der ganse folgende Passus fehlt Spr.

„ 316 Z. 14 Spr. hatten ir vil ab dem land in die statt zuo rap. geflöchnet vnd warent ouch da hin gewichen, vnd hatten ouch all geschworn der herschaft von öst. vnd dem houptman zuo gehorsam sin vnd den krieg in der statt ze beliben, vnd nit zuo wichen vnd ir lib vnd guot zuo wagen vnd ir bestes ze tuond disen krieg uss. Do nun die uss lüt sachent, dass es den aidg. so wol gieng vnd ir sachen also fürgan hattend me denn man gedaucht hatt, vnd was red si wöltind die statt rap. beligen, als ouch dar nauch beschach, do stuond ir sinn zuo holtz, das sach man an ir geberden. Also rett man zuo rap. mit allen usslütten die in die statt rap. gewichen warent, offenlich, were ir kainer der jm föröhte oder sin lib und guot nit wagen wölte, vnd dem in ir statt nit eben zuo beliben, der möcht hain zuo den sinen gan, denn man wölt —.

„ 316 Z. 19 v. u. Spr. me denn xxx uss grüninger ampt mit ainander uss der statt.

„ 317 Z. 14 Spr. ob si inen vtzit möchtint abbrechen.

„ 317 Z. 11 v. u. Spr. Da si si hin beschaiden hattent.

„ 318 Z. 19 Spr. die flucht was in die lüt komen (ich hatt nach geschruwen böss wicht). Die einzige Stelle, wo der Verfasser persönlich redet.

„ 318 Z. 21. Bei Spr. fehlt wohl richtig die Wiederholung „die gern ir bestes geton hettint, edel vnd vnedel."

„ 318 Z. 15 v. u. Spr. Ir ward ouch vil an der flucht erstochen uff den selben tag vil alte lüt.

„ 318 Z. 7 v. u. Spr. villicht uff ccc nach bis an das tor. Also hat man —.

S. 320 Z. 14 so forchten si och ir etlich in der statt fehlt Spr.

„ 322 Z. 5 vnd obnen bi dem turn — fluntren zuo fehlt Spr.

„ 323 Z. 3. 4. die Worte „vnwilliger" und „vnd begird" fehlen Spr.

„ 323 Z. 17 v. u. Spr. darin st. in der statt.

„ 324 Z. 10 lies genzlich st. genklich.

„ 323 Z. 22 Spr. tag vnd nacht inn lagent, vnd machtent si och alwenzuo die wil si da lagent.

„ 325 Z. 14 v. u. Spr. ain frid, als ir denn hienach hören werden.

„ 326 Z. 4 „vnd getorsten dennocht fehlt Spr.

„ 326 Z. 9 Spr. vnd tribent es gen vesper zitt.

§ 105 fehlt Spr. Note 389) und Spr.

„ 327 Z. 17 Nach „ir bestes getan hettind" hat Spr.

Es was ouch in den selben tagen red, die von zürich hetten mit den aidgenossen ain sölichs über tragen, dass jn der frid gemacht wurde; dass die edlen vnd frömden kämint, so wöltin si tuon als from aidg. vnd was jnen lieb wer, won si werint mit dem adel übersetzt, dass si anders nit getuon könden.

Hierauf hat der selbe p. 129 b) bis 132 des Bischofes Friedensurkunde (besser Tsch. II. 393 — 395).

„ 328 Z. 22 Spr. bern, solotorn ain botschaft, als hie nach geschriben staut.

Dass ist die botschaft, die küng fridrich den stetten basel, bern, solotorn tett.

Wir fridrich v. g. gn. rö. küi. zu all. z. m. d. r. hertzog zuo ö. zuo stir, zuo k. zuo crain, gruuf z. th. etc. laussent üch burgermaister vnd raut vnd burger gemainlich vnser vnd des richs statt zuo basel wissent dass vns die vnsern zuo geschriben hand vnd verkündet sölich absag vnd vintschaft, die ir vns vnd dem huss von öst. vnd vnsern amptlütten zuo geschriben habent. Sölicher absagung wir vns nit verwundren könnent vnd hetten üch dess nit getruwet, dass ir vns vnervordret vnerclagt wider sölich glich vnd redlich bott, die wir nächst, do wir zuo costentz warent, nit allain von den von zürich, sunder ouch von vnser vnd des huss öst. vollenclich getan habent, uff vnser vnd des richs curfürsten vnd der gemain fürsten, vff vnser vnd des richs stott vnd ander biderb lütt, vnd die biss her allwegen from vnd redlich gewesen vnd noch sind, vnd sunderlich was margrauf wilh. von hochberg sich ouch von der von zürich vnd sust erbotten haut, also söltend fürgenomen vnd üch gegen vns und dem rich so gröslich vergessen, vnd durch der von switz willen, die wider recht muotwillen tribent, vnd vns vnd das rich also verachtet haben, vnd ir doch billich verstan söltond, dass ir üwer alter herkomen, üwer gnaud vnd frihait nit von denen von switz, sunder von dem hl. rich habent, vnd ir vns vnd dem rich wol ains andren, als wir meinend, pflichtig werent, won wir je nit mainend, dass üwer puntbrief inn halt, dass ainer dem andren wider recht pflichtig sig zuo helffen oder zuoziechen, als ir fürnement. Vnd nach dem wir ouch üwer frihait gnädenclich bestättigot haben, so hettend wir je gehofft, ob ir icht sölichs gegen vns hettind fürgenomen, ir söltind vns vor durch üwer geschrift oder botschaft ersuocht oder besunder vnser billich glich gebott angesechen haben, das alles nit geschechen

ist; sunder ir wellent den ruo wegen wider gott recht kriegen vnd krieg fü-
ren mit grosser bluot vergiessung, zerstörung clöster vnd kirchen, mit nemen,
mit brand, dass ir billicher nider söltind trucken denn also stercken. Wie
nun dem allem so enpfelchen wir üch noch vnd gebietten üch von römscher
künglicher macht in crafft diss briefs, üwer absag vnd vintschaft gegen vns
vnd den vnsren ab tügint vnd üch mit sampt denen von switz an gelich vnd
recht das wir üch vor mauls enbotten haben vnd noch erbietten sind, von vns
vnd den von zürich² genügen laussent, vnd also wider recht mit freuel land
vnd lüt nit verderben, mainent wir dass ir vns des selben schuldig syent;
wann wa ir das nit tüttind vnd wölten üwerm fürsatz also nach gan, so tren-
gent ir vns darzuo, dass wir üch alle üwer gnaud, frihait, priuilegien zuo
stand wider rüeffen wellen, vnd wellen üch declarieren die rechtenclich zuo
verloren haben, vnd üch denn ewenclich benemen als denn alle kaiserliche
recht uss wisend, wer also freuenlich wider das rich vnd ainen römschen
küng handelt, dass der selb sich aller frihait vnwirdiget vnd dero ruo ewiger
zitt beroubet sin sol. Vnd nüt dester minder müstend wir mit raut vnd hilff
des ganzen richs vnd vnsern fründ vnd getrüwen gedenken, damit wir sö-
lichs gewaltes vnd vnrechtes von üch vertragen wurd. Dess wir doch lieber
ab werent vnd mainent, dass ir ouch diss billich müssig giengint vnd dem
rechten das üch offen staut, vnd nit solichem muotwillen nauch giengint. Dar
inn wüssent üch zuo halten vnd das best vnd das billichost für zuo nement.
Geben zuo der nüwen statt am mentag nach sant bartholomeus tag anno dni
Mcccxliij vnsers richs von dem vierden jar.

Natürlich fällt hier der Passus „It. der küng verschraib“ weg.

S. 329 Z. 23 Spr. nie gehört noch gesechen.

„ 330 Z. 4 v. u. Spr. das weltint si ouch noch gern tuon.

„ 331 Z. 13. Nach „lass ich also beliben“ hat Spr.:

„Des ersten clagten si ab denen von seckingen, als si vor louffenberg mit
denen von bern gelegen werint, vnd da ain frid gemacht was, vnd die von
basel wider haim varen wolten vnd für seckingen hinab fuorent, do wurffent
si uss der statt stengel vnd güsel ⁹) gegen denen von basel. It. si schruwen
uff die von basel mu als die kügen. It. si ruoften ouch kügeschnyger. Si
huoben ouch ain schilt herfür vnd karten jm das vnder über sich; was der
von basel gesin, vnd hatten vor zitten ze seckingen gelaussen, do si die selben
statt ouch belegen hatten. Dess benügt si alles noch nit, es kam ain wib
vnd huob ir claider uff vnd liess die von basel in den hindern sechen. Diss
clegt vnd treffenlich artickel beschach vor dem hailgen concilium in basel,
cardinäl vnd ander bischof.“ b. 135 b).

„ 331 Z. 22 nach „gespottet hatten“ giebt Spr. Folgendes:

„Aber in dem selben jar anno xliij uff sunnentag, was sant katherinen au-
bent ⁹), koment aber all aidg. gen appenzell von zug, switz, glaris, lucern,
vre vnd vnderwalden, vnd mainten je die von appenzell müsten jnen schweren
vnd hilfflich sin zuo allen iren nötten, oder aber si wöltind si darzuo halten

---

s) Hanfstengel und Auskehricht s) 24. Nov.

vnd zwingen. Also mainten die von appenzell, was si jnen verbunden vnd
pflichtig werint, das wölten si gern tuon; denn die pundbrief saiten, wenn
die aidg. stöss mit ainander hettind, so sölten die von appenzell still sitzen
vnd entwederm tail hilflich sin. Also sprachent die aidg. si werint ains du
mit worden vnd hattend sich ouch dess uff ir aid erkent, dass die von zürich
nit me aidg. werint, vnd jnen die von appenzell nüts me pflichtig nooh schul-
dig werint, noch ander aidgnossen.

It. also laist aber margrauf wilhelm von röteln ain tag mit den aidg. von
der herschaft wegen von öst. zuo basel vff sunnentag nach sant andres tag [4]
appli anno xliij. Es warent vff dem selben tag basel, lucern, solotorn, switz,
glaris, vnderwulden, zug, vre.

In disen tagen anno xliij nach martini [5] schickten die ritterschaft vnd der
adel, herren, ritter vnd knecht türingen von halwil den eltern suo dem
küng vnd zuo der herschaft von öst. jnen ganz zuo sagen iren gepresten vnd
anligenden sachen, vnd si ermanen, dass doch die herschaft von öst. je vnd je
des adels trost vnd uffenthalt zuo swaben gewesen ist, vnd ruoften also den
küng an vmb hilff vnd trost, vnd dass doch jnen ain fürst von östr. in das
land kem, so wölten si all ir lib vnd guot zuo dem türsten setzen vnd jm
helfen die aidg. bekriegen. Welt er aber ganz nütz zuo den sachen tuon, so
wölten si sich doch nit so jemerlich laussen vertriben; si müstin hilff vnd
schirm suochen zuo andren herren, das si doch vngern tättind. It. von zürich
schickten ouch dahin" p. 136.

S. 331 Z. 11 v. u. Spr. uff mit vasten, als es ouch hienach sagen wirt. Dann:

In disen tagen machten die aidg. ain bliden in der march in dem dorff zuo
lachen, vnd hatten jnen die von basel iren maister geschickt, der jnen ouch
die bliden machet; vnd do si das werk uffrichten wolten, do schluog es der
knecht ainen ze tod.

It. uff thimothei appli bald nach wichnächt anno dni xliij nament die zuo
grüningen —.

„ 332 Z. 20 v. u. Spr. bottschaft bi jm guhept hettint vnd jn also gebetten
vnd ermant hettint.

„ 332 Z. 13 v. u. Spr. temmen vnd nider trucken vnd die selb helffen nider
trucken —.

„ 332 Z. 12 v. u. muotwillen vnd fehlt Spr.

„ 332 Z. 9 v. u. vnd überbracht f. Spr.

„ 334 Z. 5 Spr. als jnen ain küngklich gnad getruwet, so wil ain küngklich gnad ···.

Von da an hat Sprenger am vollständigsten Folgendes:

Die von zürich, von raperswil vnd ander stett, grauf hug von montfort
maister sant johans orden in tütschen landen vnd andern.

It. der küng hatt sin treffenlich bottschaft zuo dem tag geschickt, koment
bis gen zürich, der bischof von lohant (?), mit jm ain doctor, her fridrich von
hochberg ritter, hainr. markschalk von pappenheim vnd andere.

---

4) 1. Dez. 5) Martini 11. Nov.

It. der küng hatt zuo dem selben tag geschriben allen namhaften stetten des hl. richs, die ouch uff der fart warent. Also schluog der bischof von costens den tag uff bis uff mit vasten, vnd wurden also vil herren vnd stett uff dem tag gewent.

In disen tagen hatten die aidg. ain tag zuo beckenriet, vnd wurdent ouch da ganz ains was si uff dem tag tuon wöltin vnd nit anders.

It. si wolten mit der herschaft zuo kainen rechten komen weder für herren noch für stett, si wolten ouch nüt wider geben, als ir hie nach bass hören werden.

It. uff sunnentag letare *), was der nächst tag nach sant benedicten tag ⁷) anno xliiij ward aber ain tag zuo baden von den vorgenanten partyen vnd vmb ir stöss gelaist von den richstetten: des ersten ougspurg, nürenberg, vlm, esslingen, rauenspurg, costanz, überlingen, lindow, st. gallen, schafhusen, rinfelden, cur, memingen vnd straussburg. Die stett warent da von beder tail wegen vnd solten das best in die sachen reden, vnd hören wer glimpf oder vnglimpf hette.

Diss sind der aidgenossen botten so uff dem tag ze baden gewesen sind: des ersten von bern her ruodolf hofmaister ritter vnd schulthaiss zuo bern, b. hainr. von buobenberg ritter, volrich von erlach, ruod. von ringeltingen *alias* zigerlin.

Von solotorn bernhart von malrain vnd hans hagen.

Von lucern peter von lütishoffen schulthaiss, burkhart sidler ammann, anthoni russ altschulthaiss, hans von wil.

Von vre hainr. arnolt amman, jost kess alt ammann.

Von switz reding amman zuo switz, wagner, gruober, joss böcl, wernli von ruffi.

Von vnderwalden clauss von rütti amman ab dem wald, walther zelger.

Amman von zug, amman spiler, amman hüsler.

Von glaris amman schiesser, netzstaler, jacob wannor.

Von basel her hans rott ritter, hans von louffen, ospernelo zunftmaister.

Von wil im turgöw hans schwinger schulthaiss, hans murer.

Von appenzell amman schodler, der jung fässler, oculier, freuor (frener?).

Das sind die botten, die den aidg. von den stotten zuo geordnot sind: von ougspurg steffen hangener, von nüronberg hans keller, von costanz hans ruch, von überlingen volrich rösch, von schaufhusen hainr. barter, von sant gallen volrich säri, von rinfelden burkhart mäly.

It. diss sind die botten so von der herschaft von öst. vnd der von zürich vnd ander der herschaft stett wegen zuo baden uff dem tag gewesen sind: des ersten margrauf wilh. von hochberg der herschaft von österrich lantvogt, her wilh. von grünenberg ritter, her petor von mörsperg ritter, türing von halwil, wernher von stouffen, her heinr. schwend ritter vnd vogt zuo kiburg, hans von geroltzeg, hans volrich von massmünster.

Von zürich probst zuo dem münster zür. der custor da selbs, her hainr. von sant annan, swartz murer burgermaister zürich. Hans brunner, der alt hans keller, estringer, volman trinkler, ruodi von kam, schriber.

Von raperswil: Haus senn schulthess, Hans vilinger, eberhart wüest statschriber.

Von winterthur höwdorffer, berger statschriber.

Von friburg uss brisagöw schulthaiss vnd stattschriber.

Von louffenberg claus vnmuoss, burgermaister brmitnower.

Von waldshuot spengler schulthaiss, hainr. not stein.

Von seckingen cuonrat rütz schulthaiss.

It. diss sind die botten so der herschaft vnd denen von zürich zuo geordnot vnd goben sind von den richstetten: des ersten von ougspurg volrich rächlinger, von nürenberg Berchtold vou komer, von esslingen haldermann burgermaister, von costanz bercht. vogt, von schaufhausen cuonrat swager, von lindow mathias schneberg, von st. gallen volr. sum, von rinfelden claus haidr. Von memingen betz bürgermaister.

Diss herren, ritter nnd knecht sind ouch uff dem tag zuo baden gesin vnd hand da gehört glimpf vnd vnglimpf:

Des ersten von boden geselschaften der nidern vnd der obern die man nempt ritterschaft, grauf hainr. von lupfon, her burkhart von honburg ritter, her symon vom stain ritter, hans von rischach.

Der herschaft von wirtenberg rütt: her hainr. von ramstain ritter, her bernhart von rautberg ritter, her peter von friberg ritter, h. wolf von clingenstain ritter, h. diepolt guss ritter, h. cuonrat von wittingen, her berchtold vom stain ritter.

Grauf hainrich v. fürstenberg, bentelin von pfirt, hans ruodolf von landenberg, beringer von landenberg, hug von landenberg, bertegen von hünwil, grauf hug von montfort maister st. jo. ordens.

Diss sind die dar vnder getädingt vnd gerett hand:

Cardinalis arlitensis, bischof ludwig marsiligensis vnd ander erwirdig herren uss dem concilio von basel.

It. bischof hainr. von hewen zuo costanz, mantz rogwiller vogt von margdorff der vicary von costanz, ainer von brandis, fridrich schriber, hans schriber.

Der bischoff von losen was uff dem selben tag von der herschaft v. saffoyg wegen.

It. der bischof von basel, sin official her hans zuo rin, sin tumherr zuo basel hans bernhart zuo rin.

It. von der herschaft von wirtenberg rät: her cuonrat von winttingen ritter, h. berchtold vom stain ritter, von strausburg her hans wirich ritter, claus schanlit ammoister, von vlm rümely echinger, von raffenspurg schellang.

It. also bott nun margrauf wilhelm den aidg. recht von des (sic) vnd der herschaft von öst. wegen als hie nach geschriben staut; aber die aidg. wolten kains rechten in gan weder gross noch clain, vnd wolten ouch kainen frid laussen machen weder kurz noch lang, vnd hatten dennocht des gehell von den richstetten, vnd schieden also von dem tag zuo baden.

Diss sind die rechtbott so margrauf wilhelm von hochberg lantvogt der herschaft von österrich uff selben tag zuo baden den aidg. gobotten haut von des römschen küngs wegen vnd von der herschaft von öst. wegen.

Vmb dass mongelich verstand dass wir margrauf wilh. von wegen vnsers allergnädigosten herren des römschen küngs vnd vnser gnüdigen herschaft von österrich üchts anders denn glich vnd billich vngern flirnemen wölten, mainent denn die aidg. dass wir in dem alten oder nüwen fridon üchts überfarn oder in den kriegon kainerlai misshandlot habint von anvang sölicher sachen bis vff disen tag, es berür oder treffe lib, ero oder guot, dehainerlai darin uss gelaussen, oder ob si den alten fridon von anuang so wit nit, sunder allain sider dem zuo sagen des selben friden von beden partyen weren hie zuo baden beschehen, zuo erlütren oder zuo erclären, ob wir sidmauls ütz übervaren hetten, darumb wellen wir jnen die wil si doch mainend dem hailgen römschen rich zuo gehören, vor den hochwirdigen, durchlüchtigosten, hochgepornen fürsten vnd herren, erzbischof zuo mentz, zuo triel (trier), zuo cöln, vor dem pfallenzgrauf bim rin, als vor ainem vicarien des hailgen rö. richs, oder vor jeglichem weltlichem curfürsten oder jeglichem andron fürsten in tütschen landen, ouch vor ainem herrn von wirtenberg, welchem si wellend, vnd iren erbren rätten, die si darzuo nement oder beschaident, oder vor vnserm herrn von saffoy, der doch dero von born vnd solotorn puntgnoss ist, in ainem vnuerdingten rechten tuon was wir jnen von eren vnd rechtens wegen zuo tuon pflichtig werdent, also doch dass si dess glich denen vnd da selbs ere vnd recht ouch tügint, vnd ain recht mit dem andren zuo gang vnd beschlossen werde, vngeuarlich, vnd was also im rechten erkant wirt nach zuo komen nach golichen billichen dingen versichren vnd vertrösten, dass vns dess gelich dar vmb ouch gescheche. Ob jnen aber sölich obgerürt recht vneben gelegen oder uff zuo nemen were, so wöllen wir für des hailgen concilium botten vnd vnsers hailgen vatters des bapstes botschaften, vor vnsern herren den bischofen zuo costanz vnd zuo basel vnd vor der herren vnd stett botten, so jetz ze baden uff dem tag gemainlich vnder ougen sitzen, dess gelich in vorgeschribner mauss ere vnd recht zuo geben vnd zuo nemen, vnd das ain recht mit dem andren zuo volbringen, als vor staut, doch in solichen rechten, nach dem des landes gewonhait ist, brand, nam vnd todschläg hindan zuo setzen vnd ruowen zuo laussen, oder für zitlichen schaden zuo berichten. Were aber dass die aidg. oder jeman anders bedunkte, dass wir vns in den obgerürten stucken, allen vnd jeglichen, des ganzen vollen zuo ere vnd zuo recht zuo geben vnd zuo nemen nicht erbotten hettind, vnd dass wir vns me vnd witer enbieten söltind, dar vmb wellen wir für komen für die obgenanten herren vnd der herren vnd stett botten gemainlich oder der stett besunder, so da vnder ougen sitzent, oder für burgermaister vnd clain rütt diser nachgeschriben des richs stetten, namlich ougspurg, nürenberg, vlm, nördlingen, costanz, rauenspurg, überlingen, straussburg, colmar oder letzstatt (schletzstatt) an der selben enden ainen erkennen zuo laussen, ob wir vns witer vnd fürer erbieten söllent, vnd was vns da selbs erkent wirt, dem wöllen wir ouch gestracks nach komen vngeuarlich. Sid wir vns so vollenc-

lich zuo ere vnd zuo recht, als vor staut, erbotten habend, hoffen vnd getru-
wen wir, dass die von bern vnd solotorn den aidg. hilf vnd bistand nit tuon
söllent noch tügent mengclich zuo bekennen. Ob aber die selben von bern
vnd solodorn anders bodunken wölt, so wöllen wir vns darvmb vor den ob-
genanten stetten, ainer von jnen, rechtes wol benügen, suo erkennen, ob si den
obgenanten aidg. vber sölich gebott vnd recht hinfür bistendig vnd hilflich sin
söllent oder nit⁸) —.

It. des ersten so bietten wir den aidg. vnbedingt recht su haben vnd halten
uff vnsern gnädigen herren den bischof von costanz, oder den bischof von ba-
sel, oder uff gemainer richstett botten, die zuo baden uff dem tag sind, si si-
gint bi vns von zürich, bi vnserm herren von costanz oder bi den aidgnossen.

Ob es jnen da nit eben were, so wellen wir sin komen uff ain diser nach-
geschribnen stett: ougspurg, nürenberg, costanz, vlm, esslingen, biberach,
rauenspurg, memingen, lindow, überlingen, sant gallen, schaufhusen, kempten,
rotwil, cur, straussburg, colmar, letzstatt (schlettstatt), rinfelden, friburg in
üchtland.

Ob aber die aidg. oder jeman meinten, dass wir noch nicht genuog getan
hetten, so wöllen wir sin komen uff der herren vnd stett botten, so hie sind,
vnd sich da laussen erkennen wo wir fürer hin bietten oder für komen söllent,
vnd ouch dem also nachkomen vnd gnuog tuon.

Ob jnen das nit eben were, so wöllen wir mit jnen dar vmb für komen
für dies obgenante stett, an welche si wollent, vnd was da bekent wird, dem
genuog ze tuon⁹).

S. 335 Z. 14 v. u. lies *preesse* st. *preesa.*

„ 336 Note 444 lies Hü. und Sprenger.

---

8) Tschudi II. 109.   9) Es ist Zürichs Rechtsbieten. Tschudi II. 108.